불가리아 출신
율리안 모데스트의 에스페란토 원작 장편소설

LA ENIGMA TREZORO
수수께끼의 보물

율리안 모데스트(Julian Modest) 지음

수수께끼의 보물(에·한 대역)

인　쇄 : 2022년 2월 7일 초판 1쇄
발　행 : 2022년 2월 14일 초판 쇄
지은이 : 율리안 모데스트(Julian Modest)
옮긴이 : 오태영(Mateno)
표지디자인 : 노혜지
펴낸이 : 오태영
출판사 : 진달래
신고 번호 : 제25100-2020-000085호
신고 일자 : 2020.10.29
주　소 : 서울시 구로구 부일로 985, 101호
전　화 : 02-2688-1561
팩　스 : 0504-200-1561
이메일 : 5morning@naver.com
인쇄소 : TECH D & P(마포구)

값 : 12,000원
ISBN : 979-11-91643-38-1(03890)

불가리아 출신
율리안 모데스트의 에스페란토 원작 장편소설

LA ENIGMA TREZORO
수수께끼의 보물

율리안 모데스트(Julian Modest) 지음
오태영 옮김

진달래 출판사

Julian Modest

LA ENIGMA TREZORO

Provlegis:
Tomasz Chmielik
Grafike aranĝis:
Josip Pleadin
Eldonis:
Dokumenta Esperanto-Centro
Đurđevac (Kroatio), 2018
Presis:
Tiskara Horvat, Bjelovar
CIP zapis dostupan u računalnome katalogu
Nacionalne i sveučilišne knjižnice u Zagrebu
pod brojem 896832 .
ISBN 978-953-58418-0-7

목차(Enhavo)

1장. 성 니콜라오 섬의 전설(傳說)

이 밤 **게오르고**는 잠을 설쳤다.

눈을 감고 침대에 누웠지만 잠들 수 없었다.

생각이 불안한 새처럼 날아다녀 졸음을 멀리 쫓아버렸다. 오른쪽 왼쪽으로 몸을 뒤척이며 수많은 질문이 점점 그를 자극했다.

오늘 오후에 게오르고를 크게 감동을 준 무슨 일이 있었다.

평소처럼 **일코** 할아버지는 집 마당에서 포도나무 아래 나무 탁자 곁에 앉아 있다.

5월의 오후 햇살은 주름진 얼굴, 밝은 회색 눈동자, 눈처럼 하얀 수염을 비추었다.

할아버지는 상쾌하고 따뜻한 햇볕과 마당의 조용함을 즐기면서 졸았다.

얼마 뒤, 마당 문이 끼익 소리를 내며 열리더니 할아버지의 친구 **페트로**와 **이바노**가 마당으로 들어왔다. 두 사람은 할아버지와 동갑이고 75세 다. 페트로는 조금 키가 크고 말랐으며 이바노는 작고 축구공 같은 배에 뚱뚱했다.

"안녕! 일코! 잘 지냈니? 졸고 있니?"

둘이 할아버지에게 인사했다.

1.

Tiun ĉi nokton Georgo malbone dormis. Li kuŝis en la lito, fermis la okulojn, sed ne povis ekdormi. Liaj pensoj flugis kial maltrankvilaj birdoj kaj forpelis la ekdormon.

Li turnis sin aŭ dekstren aŭ maldekstren kaj pluraj demandoj pli kaj pli ekscitis lin.

Hodiaŭ, posttagmeze, okazis io, kio ege impresis Georgon.

Kiel kutime lia avo Ilko estis en la korto de la domo kaj sidis ĉe la ligna tablo sub la vito. La posttagmeza maja suno lumigis liajn sulkigitan vizaĝon, helgrizajn okulojn kaj blankajn kiel neĝon lipharojn. La avo dormetis, ĝuante la agrablan sunan varmon, la silenton en la korto. Post iom da tempo la korta pordo ekgrincis kaj en la korton eniris la amikoj de la avo, Petro kaj Ivano. Ambaŭ estis samaĝaj kiel li, ĉirkaŭ sepdek kvinjaraj. Petro – iom pli alta kaj magra, Ivano – malalta kaj dika kun ventro, simila al futbala pilko.

– Saluton, Ilko, saluton. Ĉu vi dormetas? – salutis ili la avon.

"아니. 졸지 않고 조금 쉬고 있었어. 어서 와. 앉아! 너희를 기다렸어."

친절하게 일코 할아버지가 맞이했다.

집안에서 게오르고 할머니 **도라**가 나와 손님에게 마찬가지로 인사했다.

"어서 오세요. 곧 커피를 타올게요." 할머니가 말했다.

"감사합니다. 감사해요. 도라 씨! 어떻게 지내세요?" 이바노 할아버지가 말했다.

"잘 지내요. 좋아요. 잘 지내지만 알다시피 우리 여자들은 항상 일이 있어요. 요리하고 청소하고 빨래하잖아요. 남자들의 일은 더 무겁지만 그렇게 오래 하지는 않아요." 할머니가 대답했다.

"예, 맞아요. 그래서 오후에 우리는 조금 쉬기로 했어요." 이바노, 페트로 할아버지는 일코 할아버지 탁자 둘레에 같이 앉아 이야기를 나누었다. 조금 뒤 도라 할머니가 3개의 커피잔에 향기로운 커피를 타서 물과 함께 가져 왔다.

14살인 게오르고도 같이 마당에서 **티보르 세켈리**의 『**파드마, 갠지스 강가의 작은 무용수**』 책을 읽었다. 세 명의 노인이 앉은 탁자 근처 사과나무 아래 의자에 앉아 있다.

— Ne. Mi ne dormetas, nur ripozas. Bonan venon, sidiĝu. Mi atendis vin — afable renkontis ilin avo Ilko.

De la domo eliris la avino de Georgo, Dora, kaj same salutis la gastojn.

— Bonan venon — diris ŝi. — Tuj mi kuiros kafon.

— Dankon, dankon, Dora, - diris avo Ivano. — Kiel vi fartas?

— Bone, bone — respondis la avino. — Mi fartas bone, sed vi scias, ke ni, la virinoj, ĉiam havas okupojn. Ni kuiras, purigas, lavas. Via vira laboro estas pli peza, sed ne tiel longdaŭra.

— Jes, jes — kapjesis Ivano, — tial posttagmeze ni permesas al ni iom da ripozo.

La avoj Ivano kaj Petro sidiĝis ĉirkaŭ la tablo ĉe avo Ilko kaj komencis konversacii. Ne postlonge avino Dora alportis la aroman kafon kun tri kafglasetoj kaj glasojn da akvo.

Georgo, la dek kvarjara knabo, same estis en la korto kaj legis la libron de Tibor Sekelj "Padma, la eta dancistino". Li sidis sur seĝo sub la poma arbo, proksime al la tablo, ĉe kiu estis tri avoj.

때로 게오르고는 머리를 들어 노인들의 대화를 들었다. 페트로 할아버지는 매일 신문을 읽고 TV를 보셔서 국내외 소식을 잘 아신다. 그는 국내 정치인의 삶에 흥미가 아주 많아 정치 주제 토론하기를 매우 좋아했다. 페트로 할아버지는 언젠가 장교, 육군 대령이었다고 게오르고는 안다. 국경선 근처에서 근무했고, 아주 엄격한 군인 간부였으며 모든 명령을 차질 없이 수행했다.

키가 크고 돛대같이 허리가 꼿꼿한 그의 외모를 봐도 전직 장교 육군 대령임을 알 수 있다.

조금 하얗고 숱이 많은 머리카락은 바싹 짧게 잘려져 있고 눈동자는 쇠처럼 빛이 났다. 그는 항상 모든 주제에 관해 믿을만해 훨씬 자주 말하고 일코와 이바노는 참을성 있게 들었다.

이바노 할아버지는 조용하고 과묵하며 토론하거나 많이 말하는 것을 좋아하지 않는다. 그는 의사로 근처 도시 병원에서 일했고 잘 먹는 것을 좋아해 매일 점심에 직접 담근 적포도주를 마신다. 지금도 페트로 할아버지가 말하고, 일코와 이바노는 귀를 기울이며 듣고 있다.

이야기가 흥미로워 게오르고도 페트로 할아버지 이야기를 들었다.

De tempo al tempo Georgo levis kapon kaj aŭskultis la konversacion de la maljunuloj. Avo Petro estis viro, kiu ĉiutage legis ĵurnalojn, spektis televizion kaj bone sciis ĉiujn enlandajn kaj eksterlandajn novaĵojn. Li ege interesiĝis pri la politika vivo en la lando kaj tre ŝatis diskuti pri politikaj temoj. Georgo sciis, ke iam avo Petro estis oficiro, kolonelo. Li servis ĉe la landlimo, estis severa armea estro kaj zorge plenumis ĉiujn ordonojn. Ke li estis oficiro, kolonelo, videblis de lia staturo – alta, rekta, simila al masto. Lia densa hararo, iom arĝentkolora, estis tondita kaj liaj okuloj havis stalan brilon. Li ĉiam estis kompetenta pri ĉiuj temoj kaj pli ofte nur li parolis kaj Ilko kaj Ivano pacience aŭskultis lin.

Avo Ivano estis kvieta, silentema viro, kiu ne ŝatis diskuti, nek multe paroli. Li estis kuracisto kaj laboris en la hospitalo en la proksima urbo, ŝatis bone manĝi kaj ĉiutage dum la tagmanĝo trinkis glason da ruĝa vino, kiun li mem produktis.

Nun denove parolis avo Petro kaj la avoj Ilko kaj Ivano atente aŭskultis lin.

"그래, 오늘 **성 니콜라오** 섬에 있던 군인들이 공식적으로 확실하게 떠났다고 들었어.
섬은 더는 군사 지역이 아니라 누구나 거기 들어갈 수 있어." 그가 자신 있게 말했다.
"드디어 거기에 군인은 없겠네!" 놀라서 이바노 할아버지가 물었다.
"없어! 군인들이 거기서 무기와 군사시설을 다 가지고 갔어.
희망하는 사람은 누구나 이제 자유롭게 섬에 배나 보트를 타고 갈 수 있어." 페트로 할아버지가 확신했다.
"아주 오래전 언젠가 거기에 아주 예쁜 성 니콜라오 성당이 있었다고 말했어.
아마 군인들이 섬을 차지할 때 그것을 망가뜨렸을 거야." 이바노 할아버지가 말했다.
"아니야. 군인들은 그것을 훼손하지 않았어.
성당건물은 남아 있어 군인들은 그것을 숙소로 사용했어." 페트로 할아버지가 단호하게 말했다.

La rakontado estis interesa kaj ankaŭ Georgo komencis aŭskulti avon Petron.

— Jes – diris li konfidence – hodiaŭ mi aŭdis, ke la soldatoj, kiuj estis sur la insulo "Sankta Nikolao" oficiale kaj definitive[1] forlasis ĝin. La insulo ne plu estos armea kaj ĉiuj povas iri tien.

— Ĉu fin-fine ne estos soldatoj tie? – demandis mire avo Ivan.

— Ne! – konfirmis avo Petro. – La soldatoj forportis de tie la armilojn kaj la armean teknikon.[2] Ĉiuj homoj, kiuj deziras, jam libere naĝos al la insulo per ŝipoj aŭ boatoj.

— Oni diris, ke iam tie, antaŭ multaj jaroj, estis tre bela monaĥejo "Sankta Nikolao" – diris avo Ivano. – Eble kiam la soldatoj okupis la insulon, ruinigis ĝin.

— Ne! – diris firme avo Petro. – La soldatoj ne ruinigis ĝin. La konstruaĵo de la monaĥejo restis. La soldatoj uzis la ejojn por dormĉambroj.

---

1) definitiv-a 최종적으로 결정된, 확정된, 최후적인, 결정적인, 더 이상 변경할 수 없는, 요지부동의. definitiva decido 최종결정
2) teknik-o (예술상의) 수법(手法), 화풍(畵風), (음악의) 연주법 ; 기교(技巧), 기술(技術); 공학(工學). teknikisto, teknikulo 전문가, 전문기술가. teknikaĵo, teknikeco 전문적 성질, 전문적 사항

"너희들은 아주 오래전에 거기 섬에 유명 파견 대장 **안겔**이 대규모 보물을 숨긴 것을 알지.

섬이 군인들에게 점령되기 전에 많은 사람이 보물을 찾았지만, 그 누구도 발견하지 못했어.

군인들도 찾아 나섰지만 발견하지 못했다고 들었어. 그들이 여러 곳을 파고 조사했지만 헛수고였지. 오늘까지 보물은 섬 어딘가에 감춰져 있어."

일코 할아버지가 페트로와 이바노를 똑바로 바라보면서 말을 꺼냈다.

"맞아, 그래.

나도 똑같이 몇 년 전에 이 전설을 들었어.

안겔 파견 대장은 매우 힘이 세고 용감했어.

그는 젊은이로 이루어진 파견대를 이끌고 터키군과 싸웠지.

여기 **스트란자** 산에 매복해서 많은 터키군인과 터키인들을 물리치고 물건을 **빼앗았**어.

그렇게 해서 파견대는 많은 황금 동전과 장식품을 획득했지.

파견 대장은 어딘가에 보물들을 숨겨야 한다고 결심했어. 가장 적당한 장소가 섬 성 니콜라오였어.

밤중에 세 명의 파견 대원과 파견 대장은 보트로 섬에 와서 어딘가에 보물을 감췄지.

— Vi ambaŭ ⁻ komencis avo Ilko kaj atente alrigardis Petron kaj Ivanon

⁻ certe scias, ke antaŭ multaj jaroj tie, sur la insulo, la fama voevodo Angel kaŝis grandan trezoron. Kiam la insulo ankoraŭ ne estis okupita de la soldatoj, multaj serĉis la trezoron, sed neniu trovis ĝin. Mi aŭdis, ke same la sodatoj serĉis, sed ne trovis ĝin. Ili multloke fosis, esploris, sed vane. Ĝis hodiaŭ la trezoro estas kaŝita ie sur la insulo.

— Jes, jes ⁻ aldonis avo Ivano ⁻ mi same antaŭ jaroj aŭdis tiun ĉi legendon. La voevodo Angel estis tre forta kaj tre kuraĝa. Li gvidis taĉmenton[3] el junuloj kaj batalis kontraŭ la turkoj. Ĉi tie, en montaro Stranĝa, ili embuskis turkajn soldatojn kaj riĉajn turkojn kaj forrabis ilin. Tiel la taĉmento akiris multajn orajn monerojn kaj ornamaĵojn. La voevodo decidis, ke ili devas ie kaŝi la trezoron. La plej taŭga loko estis la insulo "Sankta Nikolao". Dum nokto tri taĉmentanoj kaj la voevodo per boato iris al la insulo kaj ie kaŝis la trezoron.

---

3) taĉment-o   <軍>지대(支隊), 분견대(分遣隊),별동대, 파견대(派遣隊),부대(部隊); 일대(一隊), 일조(一條); <美>군상(群像);반(班); = teamo. taĉmenti <他> 파견하다.

아침에 그들이 해안가로 돌아왔을 때 갑자기 터키 군대를 만났어. 서로 총싸움이 시작되었어. 불가리아 사람은 오직 4명이고 터키 사람은 아주 많았지. 싸움에서 안겔 파견대장과 세 명의 불가리아 젊은이는 죽었어. 그들이 죽고 난 뒤 그들이 어디에 보물을 숨겼는지 아무도 몰라." 이바노 할아버지가 덧붙여 말했다.

게오르고는 이바노 할아버지 이야기를 듣고 흥분해서 심장이 쿵쿵 세차게 울렸다. 정말 성 니콜라오 섬에 안겔 파견 대장의 대규모 보물이 있을까 조금 궁금했다. "그건 단지 전설일 뿐이야. 섬엔 어떤 보물도 숨겨져 있지 않아. 정말로 안겔 파견 대장은 매우 용감해. 그는 터키군대와 싸워서 터키의 핍박에서 사람들을 지켰어. 그러나 부유한 터키 사람에게 강제로 뺏은 황금 동전과 값비싼 장식품들은 보통사람들, 가난한 불가리아 사람들과 가난한 터키 사람들에게 나누어 주었어. 가난한 터키 사람들은 터키 지배하에서 불가리아 사람처럼 똑같이 고통을 당했기 때문이라고 그가 말하면서." 페트로 할아버지가 말했다.

"아니야, 감춰진 보물의 전설은 있지 않아." 이바노 할아버지가 우겼다.

Matene ili revenis al la bordo, sed subite trafis turkan taĉmenton. Komenciĝis interpafado. La bulgaroj estis nur kvar kaj la turkoj tre multe. Dum la batalo la voevodo Angel kaj tri bulgaraj junuloj pereis. Post ilia pereo neniu eksciis kie ĝuste ili kaŝis la trezoron.

Georgo aŭskultis la rakonton de avo Ivano kaj lia koro forte batis pro emocio. "Ĉu vere sur la insulo "Sankta Nikolao" estas la granda trezoro de voevodo Angel?" – febre demandis lin sin.

– Tio estas nur legendo – diris avo Petro. – Neniu trezoro estas kaŝita sur la insulo. Vere voevodo Angel estis tre kuraĝa. Li batalis kontraŭ la turkaj taĉmentoj, defendis la popolon de la turkaj turmentoj, sed la orajn monerojn kaj la valorajn ornamaĵojn, kiujn li forprenis de la riĉaj turkoj, li disdonis al la ordinaraj homoj, al la malriĉaj bulgaroj kaj malriĉaj turkoj, ĉar li diris, ke la malriĉaj turkoj dum la turka regado same suferis kiel la bulgaroj.

– Ne. Ne estas legendo pri la kaŝita trezoro – insistis avo Ivano.

"많은 사람이 보물에 관해 알아.

몇 년 전에 **굴로** 마을에 아주 유명한 무당 **페나** 아주머니가 살았다고 말했어.

그녀는 여러 비밀을 풀 능력이 있어.

수확을 언제 하면 좋을지, 사람들이 잃어버린 어린이를 정확히 어디에서 찾아야 하는지, 전쟁에서 죽은 것 같은 군인이 살아 있는지, 마을로 돌아올 것인지 말할 수 있어.

이 페나 아주머니는 특별한 능력을 갖추고 있지. 누군가 그녀에게 가서 정말 성 니콜라오 섬에 안겔 파견 대장의 보물이 숨겨져 있냐고 물었어.

페나 아주머니가 보물이 어디 숨겨 있는지 알지만 말하지 않고, 다만 여러 해가 지난 뒤 마리노 도시에 어느 소년이 태어나 14살이 되면 보물을 발견할 것이라고 대답했어." 이바노 할아버지 말이 번개처럼 게오르고를 때렸다.

'내가 보물을 발견할 그 소년일까? 정말 나는 열네 살이고 마리노 시에 살아.'

게오르고는 궁금했다.

- Multaj homoj scias pri tiu ĉi trezoro. Oni eĉ diris, ke antaŭ jaroj en vilaĝo Rozo loĝis tre fama aŭguristino, onklino Pena. Ŝi scipovis malkaŝi diversajn sekretojn, povis diri kiam la rikolto estos bona, kie ĝuste oni serĉu infanon, kiu perdiĝis, ĉu soldato, kiu verŝajne pereis en milito, estas viva kaj ĉu li revenos en la vilaĝon. Tiu ĉi onklino Pena havis neordinaran kapablon. Iu iris al ŝi kaj demandis ŝin, kie ĝuste sur la insulo "Sankta Nikolao" estas kaŝita la trezoro de la voevodo[4] Angel kaj onklino Pena respondis al li, ke ŝi scias kie estas kaŝita la trezoro, sed ŝi ne diros al li, tamen pasos multaj jaroj, naskiĝos knabo en urbo Marino kaj tiu ĉi knabo, kiam iĝos dek kvarjara trovos la trezoron.

La vortoj de avo Ivano kiel fulmo frapis Georgon. "Ĉu mi estos tiu ĉi knabno, kiu trovos la trezoron? - demandis li sin mem. - Ja, mi nun estas dek kvarjara kaj mi loĝas en urbo Marino."

---

4) Voevodo - estro de taĉmento, kiu en la montaroj embuskis turkajn soldatojn dum la turka regado en Bulgario
파견대장 - 터키가 불가리아를 지배할 때 터키 군대를 산에서 숨어 기다린 파견부대 대장

게오르고는 마치 안겔 파견 대장이 숨긴 황금 동전과 보물들을 본 듯했다.

그는 안겔 파견 대장이 누구일까 궁금했다.

결코, 전에 들은 적이 없어 파견 대장과 관련된 무언가를 알려고 결심했다.

유명한 불가리아 파견 대장에 관한 책에서 게오르고는 **로젠그라드** 시 근처 마을에서 태어난 안겔 관련 기사를 발견했다.

그가 젊었을 때 어느 터키 사람이 그의 약혼녀를 성가시게 했다. 안겔은 그 터키 사람을 총으로 쏴 죽이고 마을을 도망쳤다. 그는 바닷가로 가서 **고스타키스** 라는 어부를 알게 되었다. 두 사람은 고기잡이뿐만 아니라 해적이 되었다. 그러나 두 사람은 커다란 터키 범선을 약탈할 수 없다고 곧 인정하고 젊은이로 이루어진 파견대를 만들어 산 정박지에서 매복하여 터키 사람들을 공격했다. 그의 용감성과 능력 때문에 안겔 파견 대장은 아주 유명해졌다.

매년 여름 어느 같은 날에 그의 파견대와 다른 파견대는 발칸에 있는 대평원 **프리볼로**에서 모였다. 거기서 파견 대원들은 터키와 싸우다가 죽은 친구들의 가족을 위해 돈을 모았다.

Georgo kvazaŭ vidis la orajn monerojn kaj la ornamaĵojn, kiujn la voevodo Angel kaŝis.

Li demandis sin kiu tamen estis voevodo Angel. Neniam antaŭe Georgo aŭdis pri li, tial decidis ekscii ion pli pri voevodo.

En libro pri famaj bulgaraj voevodoj Georgo trovis artikolon pri voevodo Angel, kiu naskiĝis en vilaĝo, proksime al urbo Lozengrad. Kiam li estis junulo iu turko ĝenis lian fianĉinon. Angel pafmortigis la turkon kaj forlasis la vilaĝon. Li iris al la mara bordo, kie konatiĝis kun la fiŝkaptisto Kostakis. Ambaŭ ne nur fiŝkaptadis, sed iĝis maraj rabistoj. Tamen baldaŭ ili konstatis, ke duope ne povas prirabi la pli grandajn turkajn barkojn, tial ili organizis taĉmenton je junuloj kaj komencis embuski la turkojn en la montaraj trapasejoj.

Pro sia kuraĝo kaj forto voevodo Angel iĝis tre fama.

Ĉiun someron en iu sma tago lia taĉmento kaj aliaj taĉmentoj kolektiĝis sur la granda herbejo "Primolo" en Balkano. Tie la taĉmentanoj kolektis monon por la familioj de siaj amikoj, kiuj pereis en la bataloj kontraŭ la turkoj.

안겔 파견 대장은 가난한 불가리아와 터키 사람뿐만 아니라 터키에 교회와 학교를 건축하는데도 항상 돈을 냈다. 그러나 파견대의 보물은 아주 많아 파견 대장은 그것을 섬 성 니콜라오에 숨기기로 했다. 게오르고는 집에서 나와 바닷가로 갔다. 마리노는 큰 도시가 아니다. 하얀 집이 목걸이처럼 바닷가에 서 있다.

게오르고는 중심가를 지나 얼마 안 있어 벌써 바다에 도착했다.

눈앞에 끝없이 파란 바다가 펼쳐져 있다. 멀리 수평선에, 가까운 도시 부르가스의 큰 항구에 들어가길 기다리는 두 척의 배가 보인다. 게오르고 바로 앞에 성 니콜라오 섬이 있다. 바닷가에서 그것은 가까워 보이지만 게오르고는 오직 가까이 보일 뿐임을 잘 안다. 지금까지 누구도 그 섬에 가까이 갈 권리가 없었다. 거기가 군사 지역이지만, 페트로 할아버지가 말한 대로 섬 위에 더는 군인들이 없고 누구나 거기 갈 수 있게 되었다. 게오르고는 오랫동안 그 섬을 바라보았다. 거기 가려면 보트가 필요하다. 일코 할아버지는 어부라 할아버지가 보트를 타고 고기 잡으러 갈 때 게오르고는 자주 따라갔다.

Voevodo Angel ĉiam donis monon ne nur al la malriĉaj bulgaroj kaj turkoj, sed por konstruo de preĝejoj kaj lernejoj en la bulgaraj vilaĝoj. La trezoro de la taĉmento tamen estis tre granda kaj tiam voevodo Angel decidis kaŝi ĝin sur insulo "Sankta Nikolao".

Georgo eliris el la domo kaj ekiris al la mara bordo. Marino ne estis granda urbo. La blankaj domoj kiel koliero staris ĉe la bordo. Georgo trapasis la ĉefan straton kaj postnelonge jam estis ĉe la maro. Antaŭ liaj okuloj vastiĝis la senlima mara bluo. Fore, ĉe la horizonto, videblis du ŝipoj, kiuj atendis eniri la grandan havenon de la proksima urbo Burgas. Ĝuste antaŭ Georgo estis insulo "Sankta Nikolao". De la bordo ĝi aspektis proksime, sed Georgo bone sciis, ke nur tiel videblis. Ĝis nun neniu rajtis proksimiĝi al la insulo. Tie estis armea teritorio, sed kiel diris avo Petro, sur la insulo ne plu estas soldatoj kaj ĉiu povus iri tien.

Georgo longe rigardis la insulon. Por iri tien li bezonis boaton. Avo Ilko estis fiŝkaptisto kaj Georgo ofte akompanis la avon, kiam li iris per la boato fiŝkaptadi.

'곧 나는 꼭 섬에 가야 해.' 혼잣말했다.

나는 그것을 잘 살펴보고 아마 정확히 어디에 보물이 숨겨져 있는지 유추해 볼 것이다.

얼마 뒤 저녁이 되었다.

해는 천천히 서쪽으로 가까워졌다.

햇빛이 조용한 바다 파도를 어루만졌다.

바다 위 하늘은 투명하게 파랗고 구름도 없이 서쪽으로 구릿빛이 되고 마치 철이 거기서 녹는 것처럼 빨간 강물같이 흘렀다.

게오르고는 집으로 돌아왔다.

밤에 거의 잠을 이루지 못하고 섬에 대해 꿈을 꾸었다.

꿈에서 거기에 자신이 있어 산책하고 보물이 어디에 숨겨져 있을지 머리를 굴리면서 그것을 바라보고 있음을 보았다.

"Baldaŭ mi nepre devas iri al la insulo -
diris li al si mem. - Mi bone trarigardos ĝin
kaj eble mi divenos[5] kie ĝuste estas kaŝita la
trezoro."

Iom post iom komencis vesperiĝi. La suno lant
e[6] proksimiĝis al la okcidento. Ĝiaj radioj
karesis la kvietajn marajn ondojn. La ĉielo
super la maro estis diafane blua, sennuba,
okcidente - kuprokolora, kvazaŭ tie fandiĝis[7]
metalo, kiu fluis kiel ruĝa rivero.

Georgo revenis hejmen.

Nokte li preskaŭ ne dormis kaj sonĝis la
insulon.

En la sonĝo li vidis sin tie, promenadis,
rigardis ĝin, cerbumis kie povas esti kaŝita la
trezoro.

---

5) diven-i   [타] * 알아맞히다, 추측하다, 짐작해서 말하다.
6) lant-a   =malrapida. lantostriko 태업(怠業).
7) fand-i   <他> 녹이다, 용해(溶解)하다, 부어 만들다, 주조(鑄造)하
     다, 틀(型)에 붓다 fandaĵo 용해물, 주물; fanditaĵo 주물(鑄物), 부어
     만든 물건; disfandi, forfandi <他> 용해(鎔解)하다; kunfandi
     <他> 융합(溶合)하다, 합쳐 녹이다; malfandigi 응고(凝固)[응결]시키
     다, 굳히다; fandoforno 용광로;

2장 수학 시간

아침에 학교에 가면서 게오르고는 마음이 불안했다. 어제 수학 과목을 예습할 수 없었고 숙제도 하지 못했다. 선생님이 시험을 친다면 나쁜 점수를 받을 것이 확실했다.

학교 복도는 엄청 소란스럽다.

학생들이 말하고 소리치고 웃었다.

첫 번째 수업시간을 알리는 종이 울렸다. 학생들이 재빨리 교실로 들어가 학교는 조용해졌다.

드라고바 여사는 수학 선생님인데 교실로 들어가 학생 앞에 서더니 엄격하게 그들을 바라보았다. 그녀는 50살로 그렇게 키가 크지는 않고 매부리코에 말랐고 안경을 썼다.

이미 오랜 세월 선생님을 했고 아주 좋은 수학 선생이지만, 아주 요구하는 것이 많아 학생들은 좋아하지 않는다.

항상 어려운 과제를 내고 모두 그것을 빨리 풀기를 바란다.

오늘 드라고바는 하얀 깃에 검은 웃옷을 입었다. 그녀의 머리카락은 벌써 하얗게 되고 머리끈으로 묶여 있다.

2.

Matene, irante al la lernejo, Georgo estis maltrankvila. Hieraŭ li ne povis prepari la lecionon pri matematiko, ne skribis la hejman taskon kaj estis certa, ke se la instruistino ekzamenos lin, li ricevos malbonan noton.

En la koridoroj de la lernejo regis bruo. La lernantoj parolis, kriis, ridis. Eksonis la sonorilo por la unua lernohoro, la lernantoj rapide eniris en la klasĉambrojn kaj en la lernejo ekestis silento. Sinjorino Dragova, la instruistino pri matematiko, eniris la ĉambron, ekstaris antaŭ la gelernantoj kaj severe alrigardis ilin. Ŝi estis kvindekjara ne tre alta, maldika kun agla nazo kaj okulvitroj. Jam de multaj jaroj ŝi estis instruistino, tre bona matematikistino, sed la lernantoj ne ŝatis ŝin, ĉar estis ege postulema. Ĉiam ŝi donis malfacilajn taskojn kaj deziris, ke oni rapide solvu ilin.

Hodiaŭ Dragova estis vestita en nigra robo kun blanka kolumo. Ŝiaj haroj, kiuj jam komencis blankiĝi, estis ligitaj en harnodo.

천천히 의자 사이로 지나갔다.

교실은 깊은 적막에 잠겨 나무 마루 위에서 그녀의 하이힐이 내는 리듬 있는 발소리만 들렸다.

살피듯이 드라고바는 학생들을 보고 정말 누구에게 첫 시험을 칠 것인지 생각하는 듯했다.

모든 남녀 학생들은 마치 엄숙한 재판정 앞에 있는 것처럼 돌같이 굳어 움직이지 않고 앉아서 감히 눈도 깜빡이지 못했다.

마침내 선생님은 첫 번째 열의 세 번째 의자 앞에 멈추더니 게오르고를 쳐다보았다.

그는 속으로 말했다.

'그래, 나는 숙제를 하지 않고 오늘 과목을 공부하지 않은 것을 잘 안다. 그녀는 나를 시험 칠 것이다.'

드라고바는 천천히 거의 쉿소리를 내듯 그의 이름을 발음했다.

"게오르고 믈라데노브." 게오르고가 일어났다. "칠판으로 나오세요. 풀어야 할 수학 문제를 불러 줄게요."

게오르고는 등에 50kg의 가방을 짊어진 것처럼 그렇게 칠판으로 걸어갔다.

그는 문제를 불러 주기를 기다리며 서 있다.

Malrapide ŝi paŝis inter la benkoj. La klasĉambro dronis en profunda silento, aŭdiĝis nur la ritmaj frapoj de ŝiaj altaj kalkanumoj sur la lignan plankon.

Esploreme Dragova rigardis la gelernantojn kaj verŝajne meditis kiun unuan ekzamenu. Ĉiuj geknaboj sidis senmovaj kiel ŝtonigitaj kvazaŭ ili estis antaŭ severa tribunalo kaj ne kuraĝis eĉ palpebrumi.

Fin-fine la instruistino haltis antaŭ la tria benko de la unua vico kaj alrigardis Georgon. "Jes – diris li al si mem – tre bone mi sciis, ke ĝuste kiam mi ne faris la hejman taskon kaj kiam ne lernis la hodiaŭan lecionon, ŝi ekzamenos min."

Dragova malrapide, preskaŭ sible prononcis lian nomon:

– Georgo Mladenov.

Georgo ekstaris.

– Bonvolu iri al la tabulo – diris ŝi – mi diktos matematikan taskon, kiun vi devas solvi.

Georgo ekpaŝis al la tabulo tiel kvazaŭ surdorse havis kvindekkilograman sakon. Li ekstaris, atendante la diktadon de la tasko.

드라고바가 부르고 게오르고는 받아 썼다. 모든 학생은 조용해져서 칠판을 슬그머니 보았다. 게오르고는 문제를 읽고 또 읽었지만, 그것을 어떻게 푸는지 알지 못했다. 머릿속은 혼란스럽다.

문제는 두 개의 자동차가 서로 반대편에서 달리고 있고 속도와 그들 사이의 거리가 나와 있는데, 질문은 어느 점에서 그들이 만날 것인가였다.

게오르고는 수치를 보았지만 어떻게 문제를 풀지 어떤 생각조차 나지 않았다.

본의 아니게 성 니콜라오 섬을 생각했다. 해안에서 몇 km나 떨어져 있는가? 보트를 저어 얼마만에 거기 갈 수 있는가? 그는 학급에서 가장 예쁜 여자아이 **페탸**가 그를 돕는 것을 알아챘다.

페탸는 첫 번째 의자에 앉아서 무언가를 속삭였지만 듣지 않고 그녀를 알아차리지 못했다.

페탸는 짜증이 났다. 그녀의 파란 눈은 그를 뚫어지게 쳐다보고 문제의 해답을 알려 주려고 하면서 장밋빛 입술이 열리고 닫혔다.

그러나 게오르고는 아무것도 알지 못했다.

페탸의 **뺨**이 붉어졌다. 드라고바 여사는 누가 무언가 속삭이는 소리를 듣고 큰 소리로 말했다.

"조용히 해요."

Dragova diktis, Georgo skribis. Ĉiuj gelernantoj silentis kaj strabis la tabulon. Georgo legis la taskon, relegis, sed ne komprenis kiel devas solvi ĝin. En lia kapo estis ĥaoso. En la tasko temis pri du aŭtoj, kiuj veturis unu kontraŭ la alia, pri ilia rapideco, pri la distanco inter ili kaj la demando estis je kiu punkto ili renkontiĝos. Georgo rigardis la ciferojn, tamen eĉ ideon ne havis kiel solvi la taskon. Nevole li meditis pri la insulo "Sankta Nikolao". Je kiom da kilometroj ĝi troviĝas de la bordo kaj dum kiom da tempo oni povas iri ĝis ĝi, remante boaton.

Li rimarkis, ke Petja, la plej bela knabino en la klaso, provas helpi lin. Petja sidis sur la unua benko kaj flustris ion, sed li ne aŭdis kaj ne komprenis ŝin. Petja komencis nervoziĝi. Ŝiaj bluaj okuloj fiksrigardis lin, ŝiaj rozkoloraj lipoj fermiĝis kaj malfermiĝis, provante suflori al li la solvon de la tasko, sed Georgo nenion komprenis. La vangoj de Petja komencis ruĝiĝi. Sinjorino Dragova aŭdis, ke iu flustras ion kaj altvoĉe ŝi diris:

— Silentu!

게오르고는 칠판 옆에서 땀을 흘렸다.

문제는 풀지 않고 그대로 있다.

드라고바 여사는 그에게 말했다. "너는 오늘 과목을 공부하지 않았구나. 이런 쉬운 문제도 풀 수 없으니. 숙제는 했니?"

"아닙니다." 게오르고가 대답했다.

"맞아. 모든 것이 분명해. 너는 나쁜 점수를 받을 거야. 앉아라." 게오르고는 의자로 갔다.

드라고바 여사는 다른 희생자를 골랐다.

"**니코** 학생, 다섯째 의자에 앉아 있는." 그는 칠판으로 가서 마찬가지로 문제를 풀 수 없었다. 그리고 똑같이 나쁜 점수를 받았다. 드라고바 여사는 새로운 단원을 설명했다. 그녀는 말하고 칠판에 공식을 썼지만, 게오르고는 전혀 주의를 기울이지 못했다. 그의 생각은 멀리 날아가 섬을 지나 헤맸다. 그것이 어떻게 생겼을지 상상하려고 했다. 결코, 거기에 간 적이 없고 오직 바닷가에서 그것을 보았다. 섬에는 나무, 바위들이 있을까? 그것은 클까 작을까? 바닷가에서 섬 위 등대를 볼 수 있다. 이바노 할아버지는 어제 거기에 성당이 있다고 말했다. 아마 100년 전에 그것을 건축했다고 게오르고는 짐작했다.

Georgo ŝvitis ĉe la tabulo. La tasko restis nesolvita. Sinjorino Dragova diris al li:

— Vi ne lernis hodiaŭan lecionon kaj ne povas solvi tiun ĉi ordinaran taskon. Ĉu vi skribis la hejman taskon?

— Ne - respondis Georgo.

— Jes! Ĉio estas klara. Vi ricevas malbonan noton. Sidiĝu!

Georgo ekiris al la benko. Sinjorino Dragova elektis alian viktimon - Nikon, la lernanton, kiu sidis sur la kvina benko. Li iris al la tabulo, same ne povis solvi la taskon kaj same ricevis malbonan noton.

Sinjorino Dragova komencis klarigi la novan lecionon. Ŝi parolis, skribis sur la tabulon formulojn, sed Georgo tute ne atentis. Liaj pensoj flugis malproksimen, vagis tra la insulo. Li provis imagi kia ĝi aspektas. Neniam li estis tie kaj vidis ĝin nur de la bordo. Ĉu sur la insulo estas arboj, rokoj? Ĉu ĝi estas granda aŭ malgranda? De la bordo oni povis vidi la lumturon sur la insulo. Avo Ivano diris hieraŭ, ke tie estis monaĥejo. Eble oni konstruis ĝin antaŭ jarcento, supozis Georgo.

페트로 할아버지는 군인들이 성당의 방을 침실로 사용했다고 덧붙였다.

성당은 크고 지금은 어떻게 생겼을까?

이런 질문들이 게오르고의 호기심을 자극해서 곧 그 섬에 가고자 하는 그의 바람이 더욱 커졌다.

학교 종소리가 첫 수업시간이 끝났다고 알려 주었다. 수업 중간 휴식시간이 뒤따른다.

게오르고는 그의 좋은 친구 **자하리**와 니코를 불렀다. "이리 와. 너희에게 뭔가 아주 재미있는 것을 이야기하고 싶어." 그가 그들에게 말했다.

게오르고, 자하리와 니코는 학교 운동장으로 가서 커다란 보리수나무 아래 의자에 앉았다.

"무슨 일인데?" 니코가 물었다.

그는 건장한 소년이다.

아주 검은 곱슬머리에 석탄처럼 검은 눈동자, 돌 같이 단단한 근육을 가지고 학급에서 가장 힘이 세다.

누구도 그에게 맞서 싸우려고 하지 않는다.

니코는 돌고래처럼 수영하고 보통 여름 내내 바닷가에서 지낸다.

Avo Petro aldonis, ke la soldatoj uzis la ĉambrojn de la monaĥeho por dormĉambroj. Ĉu la monaĥejo estas granda kaj kiel ĝi aspektas nun? Tiuj ĉi demandoj tiklis la scivolon de Georgo kaj lia deziro pli baldaŭ iri al la insulo iĝis pli kaj pli granda.

La lerneja sonorilo anoncis la finon de la unua lernohoro. Sekvis la interleciona paŭzo. Georgo vokis siajn bonajn amikojn Zahari kaj Niko.

— Venu – diris li al ili. – Mi deziras rakonti al vi ion tre interesan.

Georgo, Zahari kaj Niko iris al la lerneja korto kaj sidiĝis sur la benkon sub la granda tilia arbo.

— Pri kio temas? – demandis Niko.

Li estis korpulenta knabo kun tre nigra krispa hararo kaj nigraj okuloj kiel karbo, havis ŝtonajn muskolojn kaj estis la plej forta en la klaso. Neniu kuraĝis kontraŭstari al li. Niko naĝis kiel delfeno kaj kutime tutan someron pasigis ĉe la marbordo.

"어제 내가 들었는데 군인들이 성 니콜라오 섬을 떠났대. 거기에 파견 대장 안겔이 감춘 대규모 보물이 있대." 게오르고가 이야기했다.

"정말?" 자하리가 놀라서 그를 쳐다보았다.

"응, 내 할아버지와 그의 친구들이 그것을 아주 잘 알아." 자하리는 키가 작고 연약한 소년이다. 금발에 산에 있는 호수같이 파란 눈을 가졌다. 완벽한 학생으로 모든 과목에서 가장 좋은 성적을 내고 바이올린을 연주했다.

"우리는 꼭 그 섬에 가서 보물을 찾아야만 해." 게오르고가 계속해서 말했다.

"어떻게 그것을 찾지?

우리는 파견 대장 안겔이 그것을 정확히 어디에 숨겼는지 알지 못하고 그것 외에는 거기 정말 보물이 있는지 전혀 확실하지 않아.

그것은 단지 전설이야.

나는 숨겨진 보물에 관한 여러 가지 비슷한 전설을 들었어." 니코가 살짝 웃었다.

"나는 거기에 안겔 파견 대장이 숨긴 보물이 있다고 확신해. 나의 일코 할아버지는 아주 잘 알아. 많은 사람이 거기서 보물을 찾았다고 말했어." 게오르고가 우겼다.

— Hieraŭ — komencis rakonti Georgo — mi aŭdis, ke la soldatoj forlasis la insulon "Sankta Nikolao" kaj oni diras, ke tie estas kaŝita la granda trezoro de voevodo Angel.

— Ĉu vere? — rigardis lin mire Zahari.

— Jes. Mia avo kaj liaj amikoj tre bone scias tion.

Zahari estis malalta, fragila[8] knabo, blondharara kun okuloj bluaj, kiel montaraj lagoj. Perfekta lernanto, li havis la plej bonajn notojn pri ĉiuj lernoobjektoj kaj violonludis.

— Ni nepre devas iri al la insulo kaj trovi la trezoron — daŭrigis Georgo.

— Kiel ni trovu ĝin? — ekridetis Niko. — Ni ne scias kie ĝuste voevodo Angel kaŝis ĝin kaj krom tio tute ne estas certe, ke tie vere troviĝas trezoro. Tio estas nur legendo. Mi aŭdis plurajn similajn legendojn pri kaŝtaj trezoroj.

— Mi certas, ke tie estas kaŝita la trezoro de voevodo Angel — insistis Georgo. — Mia avo Ilko tre bone scias. Li diris, ke multaj homoj serĉis tie la trezoron.

---

8) fragil-a   =rompiĝema

"좋아. 네가 그렇게 현명하다면 어떻게 그것을 찾을지 내게 말해. 정말 그것은 숨겨져 있고 볼 수 없어. 그것이 정말 어디에 숨겨 있는지 어떻게 찾아내지?" 니코가 다시 슬며시 웃었다.

"분명히 표시가 있어. 안겔 파견 대장은 몇 년 뒤 그것을 쉽게 찾도록 숨겼어. 아마 팬 나무가 있고 아니면 섬에 굴이 있다면 아마 굴속에. 우리는 자세히 섬을 살펴보고 보물이 어디 있는지 알려 주는 표시를 찾아내야지." 게오르고가 설명했다.

"좋아. 그러면 어떻게 섬에 가지? 수영할까? 정말로 거기는 멀어." 니코가 이어서 말했다.

"아니. 우리 할아버지는 보트가 있어. 나는 보트를 빌려 섬으로 저어 갈 거야." 게오르고가 대답했다.

"우리는 꼭 섬에 가야 해. 우리는 거기에 보물이 있는지 알지 못해. 하지만 그것을 조사하러 가자. 오래전부터 나는 거기 가고 싶었어. 지금까지 그곳에 가까이 가는 것조차 금지했어. 나도 자주 바닷가에서 그것을 바라보았지. 그것은 내게 아주 신비롭고 매력적인 곳이야." 자하리가 말했다.

자하리는 꿈꾸는 소년이다. 많은 책을 읽고 그의 환상은 인상적인 그림을 그린다.

— Bone — denove ekridaĉis Niko, — se vi estas tiom saĝa, diru al mi kiel vi trovos ĝin. Ja, ĝi estas kaŝita kaj ne estas videbla. Kiel vi ekscios kie ĝuste ĝi estas kaŝita?

— Certe estas ia signo. Voevodo Angel tiel kaŝis ĝin, por ke povu post jaroj facile trovi ĝin. Eble estas arbo, ĉe kiu estas fosita, aŭ se sur la insulo estas groto, eble estas en la groto. Ni detale trarigardos la insulon kaj ni rimarkos la signon, kiu montros kie estas la trezoro — klarigis Georgo.

— Bone — daŭrigis Niko — kaj kiel ni iros al la insulo? Ĉu ni naĝos? Ja, ĝi estas malproksime.

— Ne — respondis Georgo. — Mia avo havas boaton. Mi petos de li la boaton kaj ni remos al la insulo.

— Ni nepre devas iri al la insulo — diris Zahari. — Ni ne scias ĉu tie estas trezoro, sed ni iru trarigardi ĝin. Delonge mi deziris esti tie, sed ĝis nun oni ne permesis eĉ proksimigi ĝin. Mi ofte rigardas ĝin de la bordo kaj por mi ĝi estas tre mistera kaj alloga.

Zahari estis revema knabo, legis multajn librojn kaj lia fantazio pentris impresajn bildojn.

아마도 언젠가 섬에 해적이 살아서 배를 약탈하고 선원들과 싸운다고 상상할 것이다.

"좋아. 우리가 가서 섬을 살펴보자." 니코가 동의했다.

학교 종이 두 번째 수업시간이 시작됨을 기억시켜 세 사람은 교실로 서둘러 갔다.

수업이 끝나고 게오르고는 집으로 가서 마음이 불안해지며 수학에서 나쁜 점수를 받았다고 어떻게 부모님께 말할까 궁리했다.

좋은 학생이었기에 나쁜 점수를 받으면 그는 부끄러웠다.

페탸가 그를 도우려고 했지만, 그는 공부하지 않아 그렇게 어렵지 않은 문제를 풀 수 없음을 그녀에게 전혀 보이고 싶지 않아 마찬가지로 부끄러웠다. 일코 할아버지는 마당에 있어 게오르고가 들어올 때 그가 조금 슬픈 것을 금세 알아차렸다.

"무슨 일이니? 왜 기분이 좋지 않니?" 할아버지가 물었다.

게오르고는 그를 바라보았다.

Eble li imagis, ke iam sur la insulo loĝis piratoj, kiuj forrabis ŝipojn kaj batalis kun la maristoj.

— Bone — konsentis Niko — ni iros kaj trarigardos la insulon.

La lerneja sonorilo memorigis ilin, ke komenciĝas la dua lernohoro kaj la triopo ekrapidis al la klasĉambro.

Post la fino de la lecionoj Georgo ekiris hejmen, estis maltrankvila kaj cerbumis kiel diri al la gepatroj, ke li ricevis malbonan noto n[9] pri matematiko. Li hontis, ĉar estis bona lernanto kaj malofte ricevis malbonajn notojn, hontis same, ke Petja provis helpi al li kaj li tute ne deziris montri al ŝi, ke ne lernis kaj ne povas solvi la taskon, kiu ne tre malfacilis.

Avo Ilko estis en la korto kaj kiam Georgo eniris, la avo tuj rimarkis, ke li estas iom trista.[10]

— Kio okazis? — demandis la avo. — Kial vi ne havas bonhumoron?

Georgo alrigardis lin.

---

9) not-o 짧은 필기; 각서(覺書), 주해(註解); <樂> 악보, 음표, 특징(特徵); 정조(情調). noti <他> 쓰다, 기록(記錄)하다, 주의하다.
10) trist-a <詩> =malgaja, malĝoja, 슬픈.

정말 결코 무엇이든 할아버지에게 숨길 수가 없다. 그는 오랜 세월 고등학교에서 문학교사를 했기에 학생들을 잘 알고 그들이 슬프거나 기쁠 때 무슨 변명을 하려고 준비할 때 바로 알아차렸다.

"오늘 학교에서 나쁜 일을 했니?" 할아버지가 물었다.

"아니요. 수학 시험에서 나쁜 점수를 받았어요. 어제 과목을 예습하지 않았거든요." 게오르고는 조용하게 대답하고 솔직하게 고백했다.

"그것은 정말 나쁜 일이야. 넌 항상 열심히 공부해야 해. 선생님이 뭐라고 말씀하셨지? 나는 교사였고 네 부모도 교사야.

그러나 너는 나쁜 학생이야. 정말 네 선생님은 나와 네 부모님을 알아. 너 때문에 나는 부끄러워."

"예. 그러나 제게 수학은 너무 어려워요." 게오르고가 설명하려고 했다.

"네가 규칙적으로 공부한다면 그것이 어렵지는 않아." 일코 할아버지는 게오르고를 사랑하고 지금 그에게 조용히 편안하게 말했다.

그는 항상 손자를 도와줄 준비가 되어 있고 게오르고가 무언가 물어오면 자세하게 설명해 주었다.

Ja, neniam kaj nenion li povis kaŝi de la avo, kiu estis instruisto pri literaturo en gimnazio dum longaj jaroj, bone konis la gelernantojn, tuj rimarkis, kiam ili estas ĝojaj aŭ malĝojaj kaj kiam ili pretas fari iun petolaĵon.

— Ĉu hodiaŭ vi malbone kondutis en la lernejo? — demandis la avo.

— Ne — respondis Georgo mallaŭte, — sed oni ekzamenis min pri matematiko kaj mi ricevis malbonan noton. Hieraŭ mi ne lernis la lecionon — konfesis sincere li.

— Tio vere estas tre malbone. Vi ĉiam devas lerni diligente. Kion diros la instruistoj? Mi estis instruisto, viaj gepatroj estas instruistoj, sed vi — malbona lernanto. Ja, viaj instruistoj konas min kaj viajn gepatrojn. Ni hontos pro vi.

— Jes, sed por mi la matematiko estas tre malfacila — provis klarigi Georgo.

— Se vi regule lernas, ĝi ne estos malfacila.

Avo Ilko amis Georgon kaj nun parolis al li kviete kaj trankvile. Li ĉiam pretis helpi sian nepon kaj kiam Georgo demandis lin pri io, la avo detale klarigis ĝin.

일코 할아버지는 책을 많이 읽고 항상 계속해서 읽는다. 그는 여러 나라 국민에 관해 알아 보통 이국적인 나라나 종족에 대해 이야기해 주었다. 그는 에스페란토 사용자다. 이미 학생시절부터 국제어를 배워 적극적으로 에스페란토 운동을 하고 여러 나라의 많은 남녀 에스페란토 사용자와 연락하고 자주 마리노에서 외국 남녀 에스페란토 사용자를 손님으로 대접한다. 정기적으로 그는 에스페란토 잡지와 책을 받았다.

몇 년 전에 할아버지는 마리노에 있는 문화원에서 에스페란토 강좌를 만들어 학생들과 성인들에게 언어를 가르쳤다.

게오르고도 마찬가지로 문화원에서 언어를 배워 벌써 꽤 잘 말한다.

할아버지는 그에게 다양한 에스페란토 책을 주시고 그와 에스페란토로 말하고 에스페란토 만남, 축제 동안 겪은 놀라운 경험, 여러 나라의 좋은 친구들, 세계에 다닌 매력적인 여행을 이야기한다. "에스페란토는 세계에 대한, 여러 나라의 사람에 대한 가장 커다란 창이야. 에스페란토를 사용하는 사람들에게 국경선은 없어." 항상 일코 할아버지는 강조했다.

Avo Ilko multe legis kaj ĉiam daŭre legas. Li havis konojn pri diversaj landoj, popoloj, kaj kutimis rakonti al Georgo pri ekzotikaj ŝtatoj kaj gentoj. Li estis esperantisto. Jam kiel lernanto li lernis la Internacian Lingvon kaj aktive agis por Esperanto, korespondis kun multaj geesperantistoj el diversaj landoj kaj ofte ĉe li, en Marino, gastis eksterlandaj geesperantistoj. Regule li ricevis Esperantajn revuojn kaj librojn. Antaŭ kelkaj jaroj avo Ilko organizis Esperanto-kurson en la Kulturdomo en Marino kaj instruis la lingvon al lernantoj kaj plenklreskuloj. Georgo same lernis la lingvon en la Kulturdomo kaj jam tre bone parolas. La avo donis al li diversajn Esperanto-librojn kaj konversaciis kun li en Esperanto, rakontis mirindajn travivaĵojn dum Esperantaj renkontiĝoj, festoj, pri bonaj amikoj el diversaj landoj, pri allogaj veturadoj tra la mondo.

— Esperanto – ĉiam emfazis avo Ilko – estas la plej granda fenestro al la mondo, al la homoj el diversaj landoj. Por tiuj, kiuj parolas Esperanton ne estas landlimoj.

게오르고는 성인이 되면 할아버지와 마찬가지로 에스페란토로 전 세계를 여행하고 여러 나라의 많은 친구를 가질 것을 안다. 그는 독일과 헝가리의 젊은이와 연락하고 벌써 헝가리의 **페렝크**를 초대해서 마리노에서 손님 접대할 것이다.

게오르고와 같은 반 페탸도 에스페란토를 배웠다. 그녀는 문화원에서 2년 전에 언어를 배우기 시작했다. 게오르고와 페탸가 함께 있을 때 어떤 단어를 아직 몰라도 에스페란토로 대화한다.

지금 게오르고는 자하리, 니코랑 같이 섬에 가도록 할아버지에게 어떤 식으로 보트를 빌릴까 궁리했다. 게오르고는 할아버지가 그것을 허락하지 않으리라고 아주 잘 안다. '나는 반드시 할아버지가 보트를 주도록 확신시켜야 한다. 나는 우리 친구들이 바닷가 가까이에서 조금 산책할 거라고 말할 거야.' 할아버지는 내가 배를 잘 젓고, 수영도 잘 한다는 것을 안다. 정말 그가 나를 가르쳤고 고기잡을 때 우리는 같이 배를 저었다. 나는 반드시 그에게 확신을 주어야 한다. 니코와 자하리에게 할아버지 배로 그 섬에 간다고 약속했으니까. 게오르고는 깊이 생각했다. 그러나 게오르고는 할아버지에게 보트에 대해 바로 말하고 싶지 않았다.

Georgo sciis, ke kiam li plenkreskos, li same kiel la avo, veturos tra la mondo per Esperanto kaj havos multe da amikoj el diversaj landoj. Li korespondis kun junuloj el Germanio kaj Hungario kaj li jam invitis Ferenc el Hungario gasti ĉe li en Marino.

Petja, la samklasanino de Georgo, ankaŭ lernis Esperanton. Ŝi komencis lerni la lingvon antaŭ du jaroj en Kulturdomo. Kiam Georgo kaj Petja estis kune, ili konversaciis en Esperanto, malgraŭ ke iujn vortojn ili ankoraŭ ne sciis.

Nun Georgo cerbumis kiamaniere li petu la boaton de la avo, por ke Zahari, Niko kaj li iru al la insulo. Georgo tre bone sciis, ke tion la avo ne permesos. "Mi nepre iel devas konvinki lin, ke li donu la boaton – meditis Georgo. – Mi diros al li, ke ni, la amikoj, iom promenos proksime ĉe la mara bordo. Avo scias, ke mi bone remas kaj bone naĝas. Ja, li insturis min kaj kune ni remis, kiam li fiŝkaptadis. Mi nepre devas konvinki lin, ĉar mi promesis al Niko kaj Zahari iri per la boato de avo al la insulo. "

Tamen Georgo ne deziris tuj alparoli la avon pri la boato.

'나는 이틀 기다려 그가 기분이 좋을 때 그 순간을 택할 거야.

그때 그에게 말을 걸어 배 젓는 훈련을 조금 하고 싶다고 말할 거야.

정말 5월이다. 곧 여름이 오고 고기 잡는 것을 준비해야 돼.'

"할아버지, 오늘 외국에서 편지 받았나요? 나는 헝가리 친구 **페렝크**로부터 소포를 기다리고 있어요. 인터넷에서 재미있는 에스페란토 책을 보냈다고 내게 썼어요." 게오르고가 물었다.

"우체부가 아무것도 배달하지 않았구나. 하지만 분명히 곧 그것을 받을 거야." 일코 할아버지가 대답했다.

"내일 과목을 공부하고 숙제를 하러 제 방으로 갈게요." 게오르고가 말했다.

"열심히 배워라. 완벽한 학생이 되어라. 항상 미래에 대해 생각해라. 1년 뒤 고등학생이 되고 국제 에스페란토 모임에도 참석할 것이고, 여러 나라의 많은 젊은이와 만날 것이고, 우리나라 역사, 문학, 문화에 대해 잘 알아야만 해. 사람들이 네게 묻고 우리 삶에 대해 흥미를 가질 것이니까." 할아버지가 그에게 훈계했다.

"Mi atendos du tagojn kaj mi elektos la momenton, kiam li estas pli bonhumora. Tiam mi alparolos lin kaj diros, ke mi deziras iom ekzerci remi. Ja, estas monato majo, baldaŭ venos la somero kaj mi devas esti preta por la fiŝkaptado."

— Avo, ĉu hodiaŭ mi ricevis leteron el eksterlando? Mi atendas pakaĵon de mia hungara amiko Ferenc. Li skribis al mi interrete, ke sendis interesan Esperantan libron – demandis Georgo.

— Nenion alportis la poŝtisto – respondis avo Ilko, - sed certe baldaŭ vi recevos ĝin.

— Mi iros en mian ĉambron por lerni la lecionojn por morgaŭ kaj skribi la hejmajn taskojn – diris Georgo.

— Lernu diligente – avertis lin la avo – estu perfekta lernanto. Ĉiam pensu pri la estonteco. Post unu jaro vi iĝos gimnaziano, komencos partopreni en internaciaj Esperanto-aranĝoj, renkontiĝos kun multaj gejunuloj el diversaj landoj kaj vi devas bone koni la historion, literaturon, kulturon de nia lando, ĉar oni demandos vin kaj interesiĝos pri nia vivo.

게오르고는 2층으로 올라가 방에 들어갔다.

그렇게 넓지 않지만, 방에는 침대, 책상, 옷장, 많은 책이 있는 책장이 있다. 벽에는 침대 위로 폭풍우 치는 바다에 배가 있는 바다 풍경화가 걸려 있다. 파도는 미친 듯하고 거대하지만, 배는 용기 있게 앞으로 나아가고 그 위의 하늘은 어둡고 무거운 구름에서 폭우가 내리고, 화가는 조금 밝은 색으로 배를 위협하는 번개를 그렸다.

벽에는 책상 위로 에스페란토의 창시자 **라자로 루도비코 자멘호프** 초상화가 걸려 있다.

책장에는 에스페란토 책이 꽂혀 있는데 그들 중 어느 것은 게오르고가 아주 좋아해 자주 다시 읽는다.

그는 교과서가 든 가방을 놓고 책상에 앉아 컴퓨터를 켜고 페탸에게 편지를 썼다.

그는 그녀에게 그들의 비밀언어 에스페란토로 썼다. 두 사람은 그들의 편지를 에스페란토로 쓰기로 결심했다. 페탸 여동생이 알아보지 못하도록, 만약 혹시라도 어떻게 편지를 여는데 성공해도 그것을 읽을 수 없게.

몇 초간 게오르고는 자멘호프 초상화를 바라보고 난 뒤 쓰기 시작했다.

Georgo supreniris sur la duan etaĝon kaj eniris la ĉambron. Ne tre vasta, en ĝi estis lito, skribotablo, vestŝranko kaj bretoj kun multaj libroj. Sur la muro, super la lito, pendis bildo - mara pejzaĝo – boato en la ŝtorma maro. La ondoj - furiozaj kaj grandaj, sed la boato kuraĝe naĝis antaŭen, super ĝi la ĉielo malhelis, pezaj nuboj, pluvegis kaj per iom pli helaj koloroj la pentristo estis pentrita la fulmojn, kiuj same minacis la boaton. Sur la muro, ĉe la skribotablo, estis portreto de d-ro Lazaro Ludoviko Zamenhof, la kreinto de Esperanto. Sur la bretoj kuŝis Esperantaj libroj, iujn el ili Georgo tre ŝatis kaj ofte relegis.

Li lasis la sakon kun la lernolibroj, sidiĝis ĉe la skribotablo, funkciigis la komputilon kaj komencis skribi leteron al Petja. Li skribis al ŝi Esperante, ilia sekreta lingvo. Ambaŭ decidis, ke iliaj leteroj estos en Esperanto, por ke la pli juna fratino de Petja ne komprenu ilin, se hazarde iamaniere ŝi sukcesos malfermi la leterojn kaj provi tralegi ilin. Kelkajn sekundojn Georgo rigardis la portreton de Zamnehof kaj poste komencis:

친절한 페타,

오늘 수학 시험 중에 나를 도와 주려고 해서 고마워. 하지만 나는 어제 아무것도 공부하지 않았어. 드라고바 선생님이 네가 내게 알려 주려고 한 것을 알아차리지 못해 다행이야. 선생님은 분명 인정사정없이 너를 벌 줄테니까. 정말 드라고바 선생님은 아주 엄격해. 시험치는 동안 누군가 몰래 알려 주려고 하는 것을 전혀 허락하지 않아.

페타, 네게 뭔가 중요한 것을 이야기하고 싶어. 오늘 오후 5시에 숲속 우리만의 장소에서 만나.

게오르고는 편지를 보내고 일어서서 창밖을 바라보았다. 방에서, 2층에서 거의 모든 도시와 바다가 아주 잘 보였다.

하얀 집들은 마치 조금 쉬려고 앉은 갈매기떼 같다. 도시는 커다란 해만(海灣) 근처에 있어 여기 바다는 거의 항상 잔잔하다.

바닷가 오른쪽에는 주민들이 산책하기를 좋아하는 공원 같은 숲이 보인다.

거기에 호텔, 식당, 카페, 어린이놀이터가 있다. 왼쪽에는 그렇게 멀지 않은 곳, 바닷가에 큰 도시 부르가스의 건물과 집들이 높게 서 있다.

Kara Petja, Dankon, ke hodiaŭ vi deziris helpi min dum la matematika ekzameno. Mi tamen nenion lernis hieraŭ. Estas bone, ke Dragova ne rimarkis, ke vi sufloris al mi, ĉar ŝi certe senkompate punus vin. Ja, Dragova estas tre severa kaj tute ne permesas, ke iu kaŝe sufloru dum ŝi ekzamenas iun. Petja, mi deziras diri al vi ion tre gravan kaj ni renkontiĝu hodiaŭ je la kvina horo posttagmeze je nia loko, en la arbaro. Georgo.

Li sendis la leteron, ekstaris kaj rigardis tra la fenestro. De la ĉambro, de la dua etaĝo, tre bone videblis preskaŭ la tuta urbo kaj la maro. La blankaj domoj similis al aro da laroj, kiuj kvazaŭ sidiĝis por iom ripozi. La urbo troviĝis ĉe granda golfo, tial ĉi tie la maro preskaŭ ĉiam estis trankvila. Dekstre de la bordo videblis la arbaro, kiu estis kiel parko, en kiu la loĝantoj ŝatis promenadi. Tie estis hotelo, restoracio, kafejoj kaj infanludejoj. Maldekstre, ne tre malproksime, sur la mara bordo, altiĝis la konstruaĵoj kaj la domoj de la granda urbo Burgas.

3장. 페탸와 베라

페탸와 여자친구 베라는 페탸의 집에 있다. 학교 수업이 끝나고 베라는 페탸의 집에 왔다. 그녀가 베라에게 수학을 도와주겠다고 약속했기에.

베라는 키가 작고 날씬한 소녀다. 검은 머릿결에 다람쥐 눈같은 눈을 가졌다. 다람쥐처럼 그녀는 잘 움직이고 그녀의 개암나무 열매 같은 눈은 마치 그녀 주위에서 일어나는 모든 것을 보려고 끊임없이 움직였다. 페탸가 베라에게 수학 수업 내용을 설명해 주고 함께 숙제를 하고 초콜릿 사탕과 레모네이드 주스를 대접했다. 두 친구는 페탸의 방 작은 커피 탁자에 앉아서 수다를 떨었다. 방은 해가 비치고 넓었다.

창가에 컴퓨터가 설치된 책상이 있고 거기 가까이에 책장이 있고 다른 벽에는 침대가 있다.

벽에는 침대 위로 그녀가 열 살 때 찍은 페탸의 사진이 걸려 있다.

어느 공원에서 그녀를 찍은 것이다.

페탸는 밝은 초록 블라우스에 하얀 치마를 입었다. 그녀 옆에 자전거가 있다. 베라는 페탸가 자전거 타는 것을 아주 좋아한다고 안다.

3.

Petja kaj ŝiaj amikino Vera estis en la domo de Petja. Post la lecionoj en la lernejo, Vera venis en la hejmon de Petja, ĉar ŝi promesis al Vera helpi ŝin pri matematiko. Vera estis malalta, maldika knabino kun nigraj haroj kaj okuloj, similaj al la okuloj de sciuro. Kiel la sciuroj ŝi estis tre movema, ŝiaj avelsimilaj okuloj kvazaŭ konstante moviĝis por vidi ĉion, kio okazas ĉirkaŭ ŝi.

Kiam Petja klarigis al Vera la matematikan lecionon kaj ili kune skribis la hejman taskon, Petja regalis Veran per ĉokoldaj bonbonoj kaj limonado. La du amikinoj sidis ĉe la eta kafotablo en la ĉambro de Petja kaj babilis.

La ĉambro estis suna, vasta. Ĉe la fenestro staris la skribotablo kun la komputilo, proksime al ĝi estis la libroŝranko kaj ĉe la alia muro – la lito. Sur la muro, super la lito, pendis foto de Petja, fotita, kiam ŝi estis dekjara. Oni fotis ŝin en iu parko. Petja estis vestita en blanka jupo kun helverda bluzo. Ĉe ŝi staris biciklo kaj Vera sciis, ke Petja tre ŝatas bicikli.

도시에서 자전거 타는 그녀를 자주 볼 수 있다. 페탸는 가게로 물건 사러 자전거를 타고 가고 바닷가 오솔길에서 자전거를 타고, 때로 자전거를 타고 부르가스에 갔다.

베라는 책장에서 책들을 보고 아주 두꺼운 책을 한 권 꺼내 그것을 넘겨보고 제목을 읽으려고 했지만, 그것은 라틴어 글자로 써 있었다.

"이 책은 어떤 것이니?" 그녀가 물었다.

페탸가 그것을 보더니 곧 대답했다.

"에스페란토 대사전이야. PIV지."

"정말 너는 에스페란토를 배우는구나. 나의 할아버지도 학생 때 에스페란토를 배웠어. 그런데 벌써 그것을 잊은 것 같아. 그가 누군가와 이 언어로 말하는 것을 들은 적이 없으니까." 베라가 살짝 웃었다.

"언어는 연습해야 해. 자주 그것을 말하지 않으면 잊어버려." 페탸가 말했다.

"네가 우리 동급생 게오르고에게 에스페란토로 말하는 것을 가끔 들었어." "그래, 그는 언어를 잘 말해. 그렇게 우리는 말하는 것을 연습해." 페탸가 설명했다. "나도 알아." 베라가 수수께끼처럼 살짝 웃고 그녀의 작은 눈이 빛났다.

Oni ofte povis vidi ŝin en la urbo bicikli. Petja iris al la vendejoj aĉetadi per la biciklo, biciklis sur la aleo ĉe la maro kaj de tempo al tempo per la biciklo ŝi iris al Burgas.

Vera rigardis la librojn sur la breto, prenis unu el ili, kiu estis sufiĉe dika, trafoliumis ĝin kaj provis trlegi la titolon, sed ĝi estis skribita per latinaj literoj.

— Kia estas tiu ĉi libro? – demandis ŝi.

Petja alrigardis ĝin kaj tuj respondis:

— Esperanta vortaro. Plena Ilustrita Vortaro.

— Ja, vi lernas Esperanton – ekridetis Vera. – Mia avo same lernis Esperanton, kiam estis lernanto, sed verŝajne jam forgesis ĝin, ĉar mi ne aŭdis lin paroli kun iu en tiu ĉi lingvo.

— Oni devas praktiki la lingvon – diris Petja. – Se oni ne parolas ofte,[11] forgesas ĝin.

— Foje-foje mi aŭdis, ke vi parolas Esperante kun nia samklasano Georgo.

— Jes, li bone parolas la lingvon kaj tiel ni ekzercas la paroladon – klarigis Petja.

— Mi komprenas – ekridetis enigme Vera kaj ŝiaj okuletoj ekbrilis,

---

11) oft-e 자주, 때때로. ofteco 빈도(頻度). malofte 드문드문, 간혹.

"하지만 너는 언어를 연습하는 것 뿐만 아니라 두 사람은 좋은 친구같이 보여. 둘이 같이 있는 것을 자주 봐. 너희 둘은 공원에서 산책을 하고 아침에 학교에 같이 와. 너는 그를 사랑하니?" 페탸는 대답하지 않고 살짝 붉어졌다.

그녀는 불안할 때 항상 붉어진다. 이 순간에 그녀의 뺨은 두 개의 잘 익은 빨간 사과 같다.

"우리는 좋은 친구야." 조금 주저한 뒤 그녀가 말했다.

"오직 친구니?" 음흉하게 베라가 물었다.

"물론이지."

"하지만 너는 자주 우리 동급생 니코랑 이야기하지. 마찬가지로 그와 좋은 친구니?" 다시 베라가 물었다.

"물론이지. 나는 누구와도 말할 권리가 있어. 무엇을 말하고 싶니?" 페탸는 벌써 조금 화가 나서 대답했다.

"나는 단지 물어봤어. 너는 예쁜 소녀고 많은 남자들이 너와 친구가 되고 싶어 해." 베라가 대답했다. 페탸는 조용히 그녀를 바라보았다.

베라는 페탸를 부러워한다.

학급에서 소녀들이 그녀를 부러워한다.

- tamen ŝajnas al mi, ke vi ne nur ekzercas la lingvon, sed vi estas bonaj amikoj. Mi ofte vidis vin kune. Vi duope promenadas en la parko, matene vi venas kune en la lernejon. Ĉu vi amas lin?

Petja ne respondis kaj iom ruĝiĝis. Kiam ŝi estis maltrankvila, ŝi ĉiam ruĝiĝis kaj en tiuj ĉi momentoj ŝiaj vangoj similis al du maturaj ruĝaj pomoj.

— Ni estas bonaj amikoj — diris ŝi post ioma hezito.

— Ĉu nur amikoj? — demandis ruzete Vera.

— Kompreneble.

— Tamen vi ofte parolas kun Niko, nia samklasano, ĉu same kun li vi estas bonaj amikoj? - denove demandis Vera.

— Kompreneble — respondis Petja jam iom kolere. — Mi rajtas paroli kun ĉiu! Kion vi deziras diri?

— Mi nur demandas — respondis Vera. — Vi estas bela knabino kaj multaj knaboj deziras esti viaj amikoj.

Petja silentis kaj rigardis ŝin. Vera enviis Petjan. La knabinoj en la lernoklaso enviis ŝin.

어느 소녀가 다른 아이보다 예쁠 때 그녀의 삶, 누구와 이야기하고 누가 그녀의 친구고 어떤 식으로 옷을 입는지 수업이 끝나고 무엇을 하는지 끊임없이 관심을 가진다. "나는 네가 기분 나쁘기를 원치 않아." 짧은 틈을 주고 베라가 말을 꺼냈다. "나도 게오르고 같은 친구를 갖기 원해. 너는 자주 함께 있고 함께 에스페란토를 배워 함께 산책하고 대화하고 노는 친구를 갖는 것이 좋아."

"맞아." 페탸가 말했다.

"하지만 그런 친구를 찾기가 아주 어려워. 우리 도시는 넓지 않고 우리 반 남학생들은 오직 장난치는 것만 해. 그들은 진지하지 않아. 너와 게오르고는 공통의 취미를 가지고 있어. 그 점이 나는 마음에 들어."

"모두 어떤 취미를 가져야 해." 페탸가 말했다. "우리가 수업을 배우고 학교에 다니는 것으로 충분하지 않아. 우리는 우리가 원하는 것을 알아야 해. 몇 년 뒤에 우리는 고등학생이 되고 우리 미래 직업에 대해 벌써 깊이 생각해야 해."

"네가 성인이 되면 무슨 일을 하고 싶니?" 베라가 물었다. "나는 의사가 되고 싶어. 아이들을 치료하는. 그러면 너는?"

Kiam iu knabino estas pli bela ol la aliaj, oni konstante interesiĝas pri ŝia vivo, kun kiu ŝi parolas, kiu estas ŝia amiko, kiamaniere ŝi vestiĝas, kion ŝi faras post la lernolecionoj.

— Mi ne deziris ofendi vin – ekparolis post mallonga paŭzo Vera. – Mi same ŝatas havi amikon kiel Georgon. Ofte vi estas kune, kune lernas Esperanton··· Estas bone havi amikon kun kiu promenadi, konversacii, amuziĝi ···

— Jes – diris Petja.

— Tamen tre malfacile estas trovi tian amikon. Nia urbo ne estas granda kaj la knaboj en nia lernoklaso faras nur petolaĵojn. Ili ne estas seriozaj. Vi kaj Georgo havas komunan ŝatokupon kaj tio plaĉas al mi.

— Ĉiu devas havi ian ŝatokupon – diris Petja.

– Ne sufiĉas, ke ni lernu la lecionojn kaj frekventu la lernejon. Ni sciu kion ni deziras. Post jaro ni estos gimnazianoj kaj ni devas jam mediti pri niaj estontaj profesioj.

— Kion vi deziras labori, kiam vi plenkreskos? – demandis Vera.

— Mi ŝatus esti kuracistino, kuraci infanojn. Kaj vi?

"난 아직 신중하게 생각하지 않았어. 하지만 재봉에 관심이 있어. 우리 엄마는 재봉사고 이 직업을 내 것으로 만들고 싶어. 그래서 현대 여성의 옷을 재단할 거야. 나는 미래에 큰 재봉 공장을 가지고 유명 가수, 배우가 내게 와서 그들의 우아한 옷을 내가 재단해 줄 것을 상상해."

"매우 아름다운 꿈이구나." 페탸가 알아차렸다. "나도 네 양장점에 가서 아주 예쁘고 우아한 옷을 입을 거야."

"예쁘게 말하는구나." 베라가 말했다.

"꿈들은 매력적이야. 우리에게 미래로 데려다 줘." 페탸가 살며시 웃었다.

"게오르고가 무슨 꿈을 꾸는지 내게 말해 줘. 그의 꿈에 대해 게오르고와 이야기 했니?" 호기심으로 베라가 물었고 작은 눈은 다시 빛났다.

"게오르고는 역사에 흥미가 있어. 고고학자나 역사학자가 되고 싶어 해."

"좋구나. 그러나 고고학자 급여는 정말 높지 않은 거 같아." 베라가 알아차렸다.

"돈이 가장 중요하니?" 곧 페탸가 반박했다.

"돈이 중요해. 우리 엄마는 열심히 일해. 하지만 많이 벌지 못해.

— Mi ankoraŭ ne meditis serioze, sed mi interesiĝas pri kudrado. Mia patrino estas kudristino, mi ŝatus alproprigi tiun ĉi metion kaj kudri modajn virinajn vestojn. Mi imagas, ke estonte mi havos grandan kudrejon, al mi venos famaj kantistinoj, aktorinoj kaj mi kudros iliajn elegantajn robojn.

— Estas tre bela revo — rimarkis Petja. — Mi same venos en vian kudrejon kaj miaj vestoj estos belegaj kaj elegantaj.

— Sonas bele — diris Vera.

— La revoj allogas. Ili portas nin al la estonteco — ekridetis Petja.

— Diru al mi pri kio revas Georgo? Ĉu vi parolis kun li pri liaj revoj? — demandis scivole Vera kaj liaj okuletoj denove ekbrilis.

— Georgo interesiĝas pri historio kaj deziras esti arkeologo aŭ historiisto.

— Estus bone, sed la salajroj de la arkeologoj verŝajne ne estas altaj — rimarkis Vera.

— Ĉu la mono plej gravas? — tuj replikis ŝin Petja.

— La mono gravas. Mia patrino multe laboras, sed ŝi ne salajras bone.

바로 그래서 신식 재봉사가 되고 싶어. 돈을 벌도록. 나는 유명한 부자 여성의 옷을 재단할 거야."
"직업을 사랑하는 것이 더 중요해. 그때 일은 즐거울 거야." 페탸가 말했다.
"네가 옳아. 하지만 지금 많은 사람이 자신이 원하는 대로 일하지 않아. 많은 사람에게 일은 즐거움이 아냐. 돈이 필요하니까 일을 하지."
"자기 직업을 사랑할 때 그것이 충분한 돈을 보장할 거야." 페탸가 논쟁했다.
"우리 대화가 너무 진지하다고 생각하지 않니?"
조그맣게 웃으며 베라가 그녀를 쳐다보았다.
"그래 수학에서 직업으로 건너갔구나."
"너랑 있어 기분이 좋아." 베라가 말하고 주위를 살폈다.
"너의 집은 예뻐. 너는 모든 것을 가지고 있어. 너희 부모님은 네게 필요한 모든 것을 해주는구나."
"우리 부모님은 부자가 아니야." 페탸가 말했다.
"정말 네 아버지는 회사 사장이잖아. 지금 우리 아버지는 일이 없어. 공장에서 일했는데 생산이 멈춰 해고당했어. 엄마만 일해." 베라가 난처하게 설명했다.

Ĝuste tial mi deziras iĝi moda kudristino, por ke mi havu monon. Mi kudros la vestojn de riĉaj famaj virinoj.

— Pli gravas, ke oni amu la profesion, tiam la laboro estos plezuro — diris Petja.

— Vi pravas, tamen nun multaj homoj laboras ne tion, kion ili deziras. Por multaj la laboro ne estas plezuro. Ili laboras, ĉar bezonas monon.

— Kiam oni amas sian profesion, ĝi certigos al ili sufiĉe da mono — argumentis Petja.

— Ĉu vi ne opinias, ke nia konversacio iĝis tre serioza? — ridete alrigardis ŝin Vera.

— Jes, de matematiko ni transiris al la profesioj.

— Plaĉas al mi ĉe vi — diris Vera kaj ĉirkaŭrigardis. — Via domo estas bela. Vi havas ĉion, viaj gepatroj certigas ĉion necesan al vi.

— Miaj gepatroj ne estas riĉaj — diris Petja.

— Ja, via patro estas estro de entrepreno. Nun mia patro ne havas laboron. Li laboris en fabriko, sed la produktado ĉesis kaj oni maldungis lin. Laboras nur panjo — klarigis ĉagrene Vera.

"너의 아버지는 젊어. 분명히 곧 일을 찾을 거야." 페탸가 그녀를 안심시키려고 했다.

"나도 바래. 수학을 도와줘서 고마워. 내일 학교에서 만나자."

페탸는 마당 문까지 베라를 안내하고 작별인사했다. 베라는 페탸의 집에서 나와 천천히 거리를 걸었다.

페탸의 집에 초대받고 그녀 친구가 되는 것이 마음에 든다.

페탸는 친절하고 마음씨 착하고 항상 그녀를 도와준다.

하지만 베라와 페탸는 전혀 다르다.

페탸는 열심히 공부하고 항상 아주 좋은 점수를 받지만 베라는 좋은 학생이 되지 못하고 자주 숙제를 하지 못한다.

페탸의 부모는 잘 교육 받고 좋은 직업을 가졌고 잘 번다. 그들의 집에 부족한 것은 없고 페탸는 원하는 모든 것을 가졌다.

베라의 부모는 서민이다. 아버지는 지식이 없다. 오직 초등학교만 마치고 노동자가 되었다. 엄마는 재봉사고 많이 일한다. 베라는 아버지가 습관적으로 술을 마셔서 부끄럽다.

— Via patro estas juna kaj certe baldaŭ trovos laboron — provis trankviligi ŝin Petja.

— Mi esperas. Dankon pro la helpo pri matematiko. Morgaŭ ni renkontiĝos en la lernejo.

Petja akompanis Veran al la korta pordo kaj adiaŭis ŝin.

Vera eliris el la domo de Petja kaj malrapide ekiris sur la straton. Al ŝi tre plaĉis gasti al Petja kaj esti ŝia amikino. Petja estis kara, bonkora kaj ĉiam pretis helpi ŝin. Tamen Vera kaj Petja estis tute malsamaj. Petja diligente lernis, ĉiam ricevis tre bonajn notojn, sed Vera ne estis bona lernantino, ofte ne scipovis plenumi la hejmajn taskojn.

La gepatroj de Petja estas edukitaj, ili havas bonajn profesiojn kaj bone salajras. En ilia hejmo nenio mankas kaj Petja havas ĉion, kion ŝi deziras. La gepatroj de Vera estas ordinaraj homoj. La patro ne havas klerecon. Li finis nur bazan lernejon kaj estas laboristo. La patrino estas kudristino kaj ŝi multe laboras. Vera hontas, ĉar la patro kutimas drinki.

그는 알콜중독자는 아니지만 여러 시간 지역의 술집에서 친구들과 같이 있고, 거기서 그가 번 모든 돈을 거의 써 버린다. 지금 유감스럽게도 그는 일자리가 없고 오직 엄마가 일하고 가족의 생계를 위해 아침부터 저녁까지 재봉질한다.

그것이 베라를 아주 괴롭게 한다. 하지만 그녀는 페탸에게 그것을, 아버지를, 가정의 돈 문제를 전혀 말하고 싶지 않다.

방으로 돌아와서 페탸는 조금 전 베라와 나눈 대화를 생각했다. 베라는 페탸와 게오르고 사이의 관계를 매우 관심 가진다. 정말 게오르고가 베라 마음에 든 거 같다. 페탸는 베라가 짐작하듯 게오르고를 정말 사랑하는지 궁금했다.

게오르고는 신중하고 동정심이 많고 검은 머릿결에 키가 크고 올리브 같은 눈을 가졌다. 그와 페탸는 좋은 친구인데 그녀가 그를 사랑하는가? 그녀의 동급생 니코 역시 매력적이다. 니코에겐 페탸를 끌어당기는 무언가가 있다. 무언가 보이지는 않지만 느껴진다.

니코는 누구도 잡아서 도장을 찍을 수 없는 야생마 같다. 자유를 바라고 끝없는 벌판을 미친 듯이 달리는 말은 광활함과 공기를 즐긴다.

Li ne estas ebriulo, sed plurajn horojn pasigas en la kvartala drinkejo kun amikoj kaj tie li elspezas preskaŭ ĉiun monon, kiun li perlaboras. Nun bedaŭrinde li ne laboras, nur la patrino laboras, kudras de mateno ĝis vespero por vivteni la familion. Tio ege ĉagrenigas Veran, sed ŝi tute ne deziras paroli pri tio al Petja, nek pri la patro, nek pri la monproblemoj hejme.

Kiam revenis en la ĉambron, Petja iom da tempo meditis pri la konversacio kun Vera. Vera tre interesiĝis pri la rilatoj inter Petja kaj Georgo. Verŝajne Georgo plaĉis al Vera.

Petja demandis sin ĉu vere ŝi amas Georgon kiel supozis Vera. Georgo estas serioza, simpatia, nigrohara, alta kun okuloj kiel olivoj. Li kaj Petja estas bonaj amikoj, sed ĉu ŝi amas lin?

Niko, la alia ŝia samklasano, same allogis ŝin. En Niko estis io, kio ravis Petjan. Io nevidebla, sed sentebla. Niko similis al sovaĝa ĉevalo, kiun neniu povas kapti kaj seli. Ĉevalo, kiu sopiras la liberecon kaj freneze galopas tra senfinaj kampoj, ĝuas la vastecon, la aeron.

니코는 명령과 학교 질서를 따르지 않는다. 자주 교사에게 대항한다. 자기만의 고유한 규칙을 가지고 그에 따라 행동한다. 아까도 바로 그것 때문에 페탸는 그에게 호감이 간다. 자유와 독립에 관한 감정.

여름에 오랜 시간 모래사장에서 남녀 학생들은 지낸다. 그때 바다에서 수영하고 논다. 남자애들은 좋은 수영선수지만 가장 뛰어난 것은 니코다. 자주 수영 시합을 만들어 항상 1등을 차지한다.

그는 잘 배우지 않아 때로 나쁜 점수를 받지만, 그것이 그를 귀찮게 하지 않는다. 니코는 믿음직한 친구다. 친구를 위해 모든 것을 한다.

그에게 정의가 중요하고 부정직하게 행동하는 모두를 미워하고 더 약한 남자아이를 보호하고 더 어린 아이를 괴롭히는 나이든 소년들과 싸운다. 그들의 동급생 **이보**는 약하고 마르고 아마 병 때문에 고통당하는 듯했다.

자주 다른 학급의 나이든 소년들이 그를 학교 밖에서 기다려 그에게 돈을 요구한다.

이보가 돈이 없다고 말해 그들이 그를 때렸다.

그때 니코가 가까이 있다면 소년들이 이보를 괴롭히는 것을 허락하지 않는다.

Niko ne obeis la ordonojn kaj la lernejan ordon. Ofte li kontraŭstaris al la instruistoj. Li havis siajn proprajn regulojn kaj agis laŭ ili. Eble ĝuste tio logis Petja al li. Lia emo al libereco, al memstareco.

Somere la geknaboj kutimis pasigi multajn horojn sur la plaĝo. Tiam ili naĝis en la maro, ludis. La knaboj estis bonaj naĝantoj, sed la plej bona estis Niko. Ofte ili organizis naĝkonkurojn kaj ĉiam Niko estis la unua. Li ne bone lernis, de tempo al tempo ricevis malbonajn notojn, sed tio ne ĝenis lin. Niko estis fidela amiko. Por la amikoj li pretis al ĉio. Por li gravis la justeco, malamis ĉiujn, kiuj agas malhoneste, defendis la pli malfortajn knabojn, batalis kun pli aĝaj knaboj, kiuj turmentis la pli junajn.

Ilia samklasano Ivo estis malforta, maldika, eble li suferis pro ia malsano. Ofte la pli aĝaj knaboj el aliaj lernoklasoj atendis lin ekster la lernejo kaj postulis de li monon. Kiam Ivo diris al ili, ke ne havas monon, ili batis lin. Tiam se Niko estis proksime, li ne permesis al la knaboj turmenti Ivon.

그 스스로 그들을 벌 줄 것이라고 니코가 말하고,
소년들은 그가 농담하지 않음을 안다.
페탸는 컴퓨터를 켜서 게오르고에게 편지가 온 것
을 보았다.
그녀는 서둘러 그것을 읽었다.
게오르고가 무언가 중요한 것을 이야기하고 싶어
그들이 자주 만나는 곳에서 기다린다고 썼다.
페탸는 옷을 입고 집에서 나왔다.

Niko diris, ke li mem punos ilin kaj la knaboj komprenis, ke li ne ŝercas.

Petja funkciigis la komputilon kaj vidis, ke estas letero de Georgo. Ŝi rapide tralegis ĝin. Georgo skribis, ke deziras ion gravan diri al ŝi kaj atendos ŝin sur la loko, kie ili kutimis renkontiĝi. Petja vestiĝis kaj eliris el la domo.

4장. 게오르고와 페탸

4시 반에 게오르고는 숲으로 갔다.

거기 높은 소나무 사이에, 흔히 그와 페탸가 만나는 풀밭이 있다.

천천히 가게와 판매점 사이에 있는 시내 중심가를 걸어 시청을 지나고, 큰 문 위에 '**새벽**'이라는 간판이 있는 문화원 2층 건물을 지나 바닷가에 이르렀다. 그 앞에 바다는 아주 커다란 파란 헝겊처럼 펼쳐져 있다.

지금 오후 시간에 그것은 조용하고 작은 바다는 마치 부드럽게 모래를 입 맞추는 것 같다. 모래사장에는 아무도 보이지 않는다.

5월에 도시에서 여름을 보낼 사람은 없다.

게오르고는 숲으로 들어갔다.

50미터 지나 벌써 풀밭에 도착해 여기 유일한 의자에 앉았다.

4학년까지 그와 페탸는 학교에서 한 자리에 앉았다. 페탸의 아버지는 기술자고 어머니는 병원 간호사다. 어린 시절은 아주 빠르게 지나가 조금씩 게오르고는 페탸의 아름다움을 알아차렸다.

4.

Je la kvara kaj duono Georgo ekiris al la
arbaro. Tie, inter la altaj pinarboj, estis
herbejo, kie li kaj Petja kutimis renkontiĝi.
Malrapide li paŝis sur la ĉefa urba strato inter
vendejoj kaj butikoj, preterpasis la Urban
Domon, la duetaĝan konstruaĵon de la
Kulturdomo, super kies granda pordo estis
surskribo "Tagiĝo" kaj atingis la maran bordon.
Antaŭ li la maro vastiĝis kiel grandega blua
tolo. Nun, en la posttagmeza horo, ĝi kvietis
kaj ĝiaj etaj ondoj kvazaŭ tenere kisis la
sablon. Neniu videblis sur la plaĝo. En majo en
la urbo ne estis somerumantoj.
Georgo eniris la arbaron. Post kvindek metroj li
jam estis sur la herbejo kaj sidiĝis sur la solan
benkon ĉi tie.
Ĝis la kvara klaso li kaj Petja sidis sur unu
benko en la lernejo. La patro de Petja estis
inĝeniero kaj la patrino – flegistino en la
malsanulejo. La infanaj jaroj tre rapide pasis
kaj iom post iom Georgo komencis rimarki la
belecon de Petja.

그녀의 파란 눈동자를 볼 때마다 깊은 호수에 빠진 감정을 느끼고 마치 누군가 그에게 마춰시키는 듯했다.

페탸의 짙은 긴 머리카락은 잘 익은 밀 같고 부드러운 몸은 돌고래처럼 탄력있다. 페탸는 똑같이 아주 수영을 잘 해서 거의 여름 내내 그들은 함께 모래사장에서 시간을 보내고 햇빛에 몸을 갈색으로 만들고 수영했다. 게오르고는 오직 그녀를 사랑한다고 페탸에게 말할 용기가 없지만, 그녀가 그의 감정을 추측하리라고 짐작했다. 번번이 그녀의 눈에 장난스런 불꽃이 타오르고 그녀가 그를 알아차리지 못한 것처럼 보이는 날이 있다. 그리고 그것이 심히 그를 화나게했다. 페탸가 아주 길게 니코, 자하리와 이야기할 때가 있다. 그때 게오르고는 고통과 아픔을 느꼈다. 그는 손목시계를 보았다. 벌써 5시 5분이고 바로 이 순간에 페탸가 도착했다. 지금 그녀는 파란 웃옷을 입고 금발머리에는 빨간 리본이 달려있다. 페탸가 의자로 가까이 다가왔다. 그녀의 경쾌한 걷는 방식은 산양이 걷는 것 같다.

게오르고는 그녀를 만나러 일어섰다. "안녕. 오래 전에 여기 왔니?" 페탸가 말했다.

Ĉiam, kiam li alrigardis ŝiajn bluajn okulojn, li havis la senton, ke dronas en profunda lago kaj kvazaŭ iu narkotas lin. La densaj longaj haroj de Petja similis al maturaj tritikoj kaj ŝia tenera korpo estis elasta kiel korpo de delfeno. Petja same scipovis bonege naĝi kaj preskaŭ la tutan someron ili pasigis horojn kune sur la plaĝo, sunbruniĝis kaj naĝis.

Georgo ankoraŭ ne kuraĝis diri al Petja, ke li amas ŝin, sed supozis, ke ŝi konjektas liajn sentojn. Foje-foje en ŝiaj okuloj ekbriletis ludemaj flametoj, estis tagoj, kiam ŝi ŝajnigis, ke ne rimarkas lin kaj tio serioze kolerigis lin. Estis momentoj, kiam Petja pli longe parolis kun Niko kaj Zahari kaj tiam Georgo sentis doloron kaj ofendon.

Li alrigardis la brakhorloĝon. Jam estis kvina horo kaj kvin minutoj kaj ĝuste en tiu ĉi momento alvenis Petja. Nun ŝi estis vestita en blua robo kaj sur ŝiaj blondaj haroj estis ruĝa diademo. Petja proksimiĝis al la benko. Ŝia facilmova irmaniero similis al kapreola iro. Georgo stariĝis renkonti ŝin.

— Saluton — diris Petja — ĉu delonge vi venis?

"아니. 10분 전에." 그가 대답했다.

"내일 숙제를 다 했니?" "아니, 나중에 할게."

"조심해. 다시 오늘처럼 나쁜 점수를 받으니까."

"나는 그런 실수를 다시 안할 거야." 그가 살짝 웃었다.

"그리고 게다가 너는 다시 나를 도와줄 거야."

"전혀 그것을 계산에 넣지 마. 나는 너처럼 게으른 사람을 돕고 싶지 않아." 음흉하게 페탸가 그를 쳐다보았다.

"왜 그렇게 잔인해졌니? 너는 드라고바 선생님처럼 된 거 같은데." "아이고! 넌 나를 모르는구나. 나는 그녀 보다 훨씬 잔인해." "정말? 나는 그렇게 오랜 시간 잔인한 소녀를 안다고 짐작하지 않아. 아마 너는 무언가 전혀 모르는 남자를 먹은 거 같구나." 그가 슬며시 웃었다. "당연하지. 매일 아침 나는 멋진 소년을 먹어. 하지만 너는 두려워하지 마. 네가 멋지지 않으니까 지금까지 너를 먹지 않았잖아." 그녀는 심각하게 보이도록 눈썹을 찡그리며 위협하듯 말했다.

"하지만 어떤 중요한 것을 말하고 싶어 여기에 나를 불렀니?"

"응, 나는 네게 뭔가 고백하고 싶어."

— Ne. Antaŭ dek minutoj - respondis li.

— Ĉu vi sukcesis skribi la hejmajn taskojn por morgaŭ? —demandis ŝi.

— Ne. Poste mi skribos ilin.

— Atentu, ĉar denove vi ricevos malbonan noton kiel hodiaŭ.

— Mi plu ne faros tian eraron - ekridetis li - kaj krom tio vi denove provos helpi min.

— Tute ne kalkulu je tio. Mi ne emas helpi pigrulon kiel vin - ruzete alrigardis lin Petja.

— Kial vi estas tiel kruela? Oni opinius, ke vi iĝis kiel Dragova.

— Ho! Vi ne konas min. Mi estas eĉ pli kruela ol ŝi.

— Ĉu? Mi ne supozis, ke dum tiom da jaroj mi konas tian kruelan knabinon. Eble vi manĝas knabojn, pri kio mi tute ne sciis? - ridetis li.

— Kompreneble. Ĉiun matenon mi manĝas belan knabon, sed vi ne timiĝu, ĉar vi ne estas bela kaj tial ĝis nun mi ne manĝis vin - diris ŝi ŝajne serioze kaj eĉ minace kuntiris brovojn.

- Tamen kion gravan vi deziris diri al mi kaj vokis min ĉi tie.

— Jes. Mi deziras ion konfesi al vi.

페탸는 호기심을 가지고 그를 바라보았다. 정말 그녀는 게오르고가 자기를 사랑한다고 말할 순간이 왔다고 생각했다. 그녀는 그것을 기다렸다.

여러 번 페탸는 말 보다 훨씬 많이 말하는 그의 꿈꾸는 듯한 시선을 눈치챘다. 항상 그녀는 그의 부드러운 관계를 느끼고 물론 그것이 마음에 들었다. 누군가 우리를 사랑한다고 알고 볼 때 감정은 놀랍다. 이 마술 같은 감정을 위해 우리는 모든 것을 할 준비가 되어 있고, 가장 위급한 순간에 사랑하는 사람과 함께 있다.

하지만 페탸는 모든 여자들처럼 음흉하게 살며시 웃고 자신의 감정을 잘 숨기고 농담으로 말했다. "좋아. 네가 내게 말할 모든 것을 들을게. 나중에 바로 나는 너를 고자질할 거야." 게오르고는 조금 상처 입은 듯 그녀를 바라보았다. 진지하게 대하지 않아서. 풀밭 위에 침묵이 흘렀다. 오직 가끔 나뭇가지에서 갑자기 어떤 새가 소리를 냈다.

"너는 성 니콜라오 섬을 알지?"

"응" 페탸가 호기심을 가지고 그를 쳐다보고 조금 이상하게 생각했다.

그가 왜 섬을 언급하는지 알지 못해서. "그것이 왜?"

Petja alrigardis lin esploreme. Verŝajne ŝi opiniis, ke venis la momento, kiam Georgo diros, ke amas ŝin. Ŝi atendis tion. Plurfoje Petja rimarkis lian reveman rigardon, kiu parolis multe pli ol la vortoj. Ĉiam ŝi sentis lian teneran rilaton kaj kompreneble tio plaĉis al ŝi.

Kiam oni scias kaj vidas, ke iu amas nin, la sento estas mirakla. Por tiu ĉi sorĉa sento ni estas pretaj fari ĉion, entrepreni la plej riskan aventuron kaj en la plej danĝeraj momentoj esti kun tiu, kiu amas nin. Tamen Petja, kiel ĉiuj virinoj, ruzete ekridetis, lerte kaŝis siajn sentojn kaj ŝerceme diris:

— Bone, mi aŭdos ĉion, kion vi diros al mi kaj poste tuj mi denuncos vin.

Georgo rigardis ŝin iom ofendita, ĉar ŝi ne rilatis serioze. Sur la herbejo regis silento. Nur de tempo al tempo de la arbobranĉoj subite ekfajfis ia birdo.

— Vi scias la insulon "Sankta Nikolao".

— Jes — Petja alrigardis lin scivoleme kaj iom strange, ĉar ne komprenis kial li mencias la insulon — Kio pri ĝi?

"거기에 군인이 있었는데 그들이 섬을 떠났어."
"그것이 내게 말하고 싶은 큰 소식이니?" 비꼬듯
그녀가 알아차렸다.
"아니. 섬에 파견대장 안겔의 보물이 숨겨져 있다
고 사람들이 말하거든."
"나도 이 전설을 들었어." 페탸가 말했다.
"전설이 아니야. 보물이 거기에 있어. 우리 니코
와 자하리와 나는 그것을 찾으러 가기로 했어."
페탸는 파란 눈을 크게 뜨고 놀라서 그를 슬그머
니 보았다.
"정말로?"
"응"
"분명히 농담이지. 첫째 어떻게 섬에 가지, 둘째
분명히 있지 않은 보물을 어떻게 찾지?"
"우리는 계획을 짰어." 게오르고가 설명했다.
"좋아. 너희들이 섬에 가서 보물을 찾는다고 하
자. 그런데 왜?
부자가 되고 싶니? 보물로 무엇을 할 거니?" 이
런 논리적인 질문때문에 게오르고는 조금 깊이 생
각하느라 즉시 대답하지 못했다.
"많은 사람이 찾았지만, 지금까지 아무도 찾지 못
했어.

— Tie estis soldatoj, sed ili forlasis la insulon.

— Ĉu tio estas la granda novaĵo, kiun vi deziris diri al mi? — ironire rimarkis ŝi.

— Ne. Oni rakontas, ke sur la insulo estas kaŝita trezoro, la trezoro de voevodo Angel.

— Mi aŭdis tiun ĉi legendon — diris Petja.

— Ne estas legendo. La trezoro estas tie kaj ni: Niko, Zahari kaj mi decidis iri serĉi ĝin.

Petja larĝe malfermis siajn bluajn okulojn kaj mire strabis lin.

— Ĉu?

— Jes!

— Certe vi ŝercas.[12] Unue, kiel vi iros al la insulo kaj due, kiel vi trovos la trezoron, kiu certe ne ekzistas?

— Ni faros planon — klarigis Georgo.

— Bone, ni supozu, ke vi iros al la insulo kaj trovos la trezoron, sed kial? Ĉu vi deziras iĝi riĉaj? Kion vi faros kun la trezoro?

Tiu ĉi logika demando igis Georgon iom mediti kaj li ne tuj respondis.

— Multaj serĉis kaj neniu ĝis nun trovis ĝin.

---

12) ŝerc-i <自> 농담하다, 익살부리다, 놀리다, 희롱하다. ŝerco, ŝercaĵo 농담, 익살, 웃음거리, 우스운 일, 해학(諧謔)

우리가 그것을 발견한 사람이 되지. 그때 텔레비전, 라디오, 신문에서 우리가 대규모 보물을 발견했다고 알릴 거야."

"너에게 그것이 중요하니?" 페탸가 물었다.

"지금 우리는 작은 바닷가 도시에 사는 평범한 소년들이야. 거의 아무도 우리를 모르고 우리가 있다는 것을 짐작하지 못 해." 게오르고가 말했다.

"정말 나는 너를 알고 너희들이 누군지 알아. 많은 사람이 너를 아는 게 왜 필요하니? 너를 아는 몇 사람이 있고 그들이 너의 친구라는 것이 중요해." 페탸가 결론지었다.

"네가 섬에 간다면 나는 불안할 거야. 바다는 위험해. 자주 전혀 예기치않게 폭풍우가 시작되고 커다란 파도가 치고 너는 죽을 수도 있어. 위험을 감수하려고 하지 마."

"우리가 수영을 잘하고 배를 능숙하게 젓는 것을 넌 알잖아. 우리는 섬에 가서 아무 문제없이 돌아올 거야." 게오르고가 그녀를 안심시키려고 했다.

"그래, 너희들이 용감한 것을 알아. 하지만 필요할 때 그것을 보여 줘. 상상의 보물을 찾는 것은 너무 초과야. 하지만 벌써 저녁이 되었으니 우리는 집으로 돌아가야만 해.

Ni estos tiuj, kiuj trovos ĝin kaj tiam televizio, radio, ĵurnaloj informos, ke ni trovis grandan trezoron.

— Ĉu por vi tio gravas? — demandis Petja.

— Nun ni estas ordinaraj knaboj, kiuj loĝas en malgranda mara urbo kaj preskaŭ neniu scias pri ni, preskaŭ neniu supozas, ke ni ekzsitas — diris Georgo.

— Ja, mi konas vin, mi scias kiuj vi estas. Kial necesas, ke multaj homoj konu vin. Gravas, ke estas kelkaj, kiuj konas vin kaj ili estas viaj amikoj — konkludis Petja. — Se vi iros al la insulo, mi estos maltrankvila. La maro danĝeras, ofte tute neatendite komenciĝas ŝtormoj, aperas grandaj ondoj kaj vi povas perei. Ne necesas riski.

— Vi scias, ke ni estas bonaj naĝantoj, ni spertas remi boaton. Ni iros al la insulo kaj revenos senprobleme — provis trankviligi ŝin Georgo.

— Jes, mi scias, vi estas kuraĝaj, sed montru vian kuraĝecon, kiam necesas. Tute superfluas serĉi imagitan trezoron. Tamen jam vesperiĝas kaj mi devas iri hejmen.

내가 늦게 돌아오면 우리 부모님은 걱정하셔." 마음을 쓰며 그녀가 말했다.

"좋아, 우리 가자." 두 사람은 도시로 출발했다. 서쪽으로 해는 천천히 져서 부두 곁에 있는 언덕 너머로 잠겼다.

조용한 5월의 저녁이 시작된다.

꽃이 핀 보리수 나무들이 도심으로 가는 길가에서 상쾌한 향기를 낸다.

게오르고는 페탸 옆에서 걷고 마음속 깊은 곳에서 특별한 기분을 느꼈다.

페탸가 가진 섬과 보물에 관한 생각이 마음에 들지 않지만, 그는 페탸가 뭔가 나쁜 일이 일어날까 두려워하며 걱정하는 것을 보았다.

그들이 페탸의 집으로 가는 거리에 이르러 게오르고는 수평선을 바라보고 멋진 미술 작품을 본 듯했다. 하늘은 구릿빛이고 그 배경 위에 건물의 지붕들이 선명하게 윤곽을 드러냈다.

마치 그와 그녀는 놀라운 동화 속에서 걷는 것 같고, 건물들은 중세시대의 성(城)과 같다.

마당 문 옆에서 게오르고는 페탸에게 작별 인사하고 뒤로 돌아섰다.

Miaj gepatroj maltrankviliĝos, se mi malfrue revenos – zorgeme[13) diris ŝi.

– Bone, ni iru.

Ambaŭ ekis al la urbo. Okcidente la suno malrapide dronis post la montetoj, kiuj estis ĉe Marino. Estis kvieta maja antaŭvespero. La florantaj tiliaj arboj survoje al la centro de la urbo, agrable odoris.

Georgo iris ĉe Petja kaj profunde en la animo li sentis ian neordinaran ĝojon. Al Petja ne plaĉis la ideo pri la insulo kaj la trezoro, sed li vidis, ke ŝi maltrankviliĝas, ŝi timis, ke povas okazi io malbona.

Kiam ili estis sur la strato, kiu gvidis al la domo de Petja, Georgo rigardis al la horizonto kaj ŝajnis al li, ke vidas belan grafikaĵon. La ĉielo kuprokoloris kaj sur ĝia fono klare konturiĝis la tegmentoj de la domoj. Kvazaŭ li kaj ŝi paŝis en miranda fabelo kaj la domoj similis al mezjarcentaj kasteloj.

Ĉe la korta pordo Georgo adiaŭdis Petjan kaj ekiris reen.

---

13) zorg-i   <自> 돌보다 ; 관심을 두다, 걱정하다, 근심하다 ; 주의하다. zorg(em)a 관심하는, 주의하는, 용의주도(用意周到)한, 신중(愼重)한 ; 돌보는 ; 근심하는, 걱정하는.

그는 방에 들어오자 바로 선반에서 일기장을 꺼내 쓰기 시작하고 서둘러 오늘 페탸와 만난 감정과 생각을 적어 내려 갔다.

지금 그것을 쓰지 않으면 내일이나 모레는 그가 느끼고 생각한 것을 정확히 표현할 수 없음을 잘 안다.

그는 날짜 시간을 적고 쓰기 시작했다.

내가 페탸와 있을 때는 항상 행복하다.

그녀는 나의 깊은 감정을 불러 일으키는 여자아이다. 내가 그녀의 눈을 쳐다보는 것으로 충분하다. 이 세상에 그녀같은 다른 여자아이는 없다고 이미 확신한다. 나는 그것이 진짜 사랑인지 모른다.

나는 오래 전부터 그녀를 알지만 내가 그녀를 사랑한다고 감히 말할 용기가 없다.

나는 더 자주 그녀와 함께 있고 내가 생각하고 계획하고 꿈꾸는 모든 것을 그녀에게 고백하기를 바란다.

그녀는 나를 잘 이해한다.

자주 나는 사랑이 무엇인지 궁금하다.

남자아이와 여자아이가 언제 서로 사랑하는가?

진짜 사랑은 두 사람이 서로를 잘 이해할 때 같은 목적과 꿈을 가질 때라고 생각한다.

Kiam li eniris en sian ĉambron, li tuj elprenis el la ŝranko la taglibron kaj komencis skribi, rapidis priskribi la sentojn kaj pensojn de la hodiaŭa renkontiĝo kun Petja, bone sciis, ke se li nun ne priskribos ilin, morgaŭ aŭ postmorgaŭ ne povus ĝuste esprimi kion li sentis kaj kion li pensis. Li skribis la daton, la horon kaj komencis:

Ĉiam, kiam mi estas kun Petja, mi feliĉas. Ŝi estas la knabino, kiu vekas miajn plej profundajn sentojn. Sufiĉas, ke mi alrigardu ŝiajn okulojn kaj mi jam certas, ke en la mondo ne ekzistas alia kanbino kiel ŝi. Mi ne scias ĉu tio estas la vera amo. Mi delonge konas ŝin, sed mi ne havas kuraĝon diri al ŝi, ke mi amas ŝin. Mi sopiras pli ofte esti kun ŝi, konfesi al ŝi ĉion, kion mi pensas, kion mi planas, pri kio mi revas. Ŝi komprenas min. Ofte mi demandas min kio estas la amo? Kiam knabo kaj knabino vere amas unu la alian? Mi opinias, ke la vera amo estas, kiam ambaŭ bone komprenas unu la alian, kiam ili havas samajn celojn kaj revojn.[14]

---

14) rev-i <自> 몽상(夢想)하다, 공상(空相)하다, 환상(幻想)하다.

나와 페탸는 에스페란토 사용자이고 에스페란토를 좋아하고 그것을 배우고 말해서 너무 좋다.

나의 동급생과 지인들은 에스페란토를 배우려고 하지 않는다.

그것이 진짜 언어가 아니므로 그것을 배우는 것을 전혀 낭비라고 생각한다.

하지만 페탸와 나에게 에스페란토는 유용하다.

그것 덕분에 사람들이 친구가 된다.

에스페란토는 나와 페탸를 연결한다.

우리는 그것이 미래의 언어라고 믿는다.

게오르고는 일기를 닫아 그것을 선반에 숨기고 잠 잘 준비를 했다.

Estas bonege, ke mi kaj Petja estas esperantistoj, ke ni ŝatas Esperanton, lernas ĝin kaj parolas ĝin. Niaj samklasanoj kaj konatoj ne deziras lerni Esperanton. Ili opiniis, ke ĝi ne estas vera lingvo kaj tute superfluas lerni ĝin. Tamen por Petja kaj mi Esperanto estas utila, dank' al ĝi la homoj amikiĝas. Esperanto ligas min kaj Petjan. Ni kredas, ke ĝi estas la lingvo de la estonteco.

Georgo fermis la taglibron, kaŝis ĝin en la ŝranko kaj preparis sin por enlitiĝi.

5장. 페탸의 가정

페탸가 집에 돌아오자 부모님과 동생 **니나**는 저녁 먹을 준비를 벌써 했다.

아버지는 키가 크고 건강한 남자로 40살이고 회색 눈동자를 한 채 엄격하게 페탸를 쳐다보았다. "여러 번 네게 저녁 먹기 전에 집에 돌아오라고 말했어. 우리는 1시간이나 너를 기다릴 수 없어." 그가 화가 나서 말했다.

"어디에 있었니?"

"공원에서 산책했어요."

페탸는 당황해서 대답했다.

"산책했다고?" 그가 반박했다.

"너는 집에서 공부해야해. 너는 많은 수업이 있잖아." "내일 수업을 준비했어요." 페탸가 설명하려고 했다. "누구와 산책했니?" 아버지가 그녀를 뚫어지게 보았다.

그의 눈은 두 개의 철로 된 칼날처럼 빛났다.

"내 친구 베라와." 페탸가 거짓말했다.

"잘 알아. 네가 게오르고와 있던 것을." 아버지가 목소리에 힘을 줬다. "그리고 그와 만나지 말라고 이미 경고했을텐데.

5.

Kiam Petja revenis hejmen, ŝiaj gepatroj kaj la fratino Nina jam preparis sin por vespermanĝi. La patro, alta korpolenta viro, ĉirkaŭ kvardekjara kun grizkoloraj okuloj severe alrigardis Petjan.

— Plurfoje mi diris al vi reveni hejmen antaŭ la vespermanĝo. Ni ne povas atendi vin tutan horon — komencis kolere li. — Kie vi estis?

— Mi promenadis en la parko — respondis Petja embarasite.

— Promenadis! — replikis ŝin li. — Vi devas esti hejme kaj lerni. Vi havas multe da lecionoj.

— Mi preparis la lecionojn por morgaŭ — provis klarigi Petja.

— Kun kiu vi promenadis? — fiksrigardis ŝin la patro kaj liaj okuloj ekbrilis kiel du metalaj klingoj.

— Kun mia amikino Vera — mensogis Petja.

— Mi bone scias, ke vi estis kun Georgo! — plifortigis la voĉon la patro. — Kaj mi jam avertis vin ne renkontiĝi kun li!

그는 평범한 시골 남자야. 너는 더 야심찬 목적을 가지고 있어. 수도에 있는 의과대학에서 공부할 것이고, 의사가 되고 나중에. 수도에 있는 어느 병원에서 일할 거야."

"게오르고는 착하고 교육받은 남자예요." 어머니가 말하려고 했다.

그녀는 남편보다 조금 젊고 날씬한 몸에 금발이고 페탸와 같이 선량한 파란 눈을 가졌다.

"그가 착하고 교육받은 것은 중요하지 않아. 그는 환상적인 일에 종사하는 집안 사람이야." 아버지가 조금 풍자적으로 웃었다.

"그의 어머니는 교사면서 꾸준히 어느 좋은 일하는 재단 회원이거나 임원이고, 병원의 노인들과 어린이를 위해 돈을 모아. 일주일 전에 우리 회사에 같은 재단의 어떤 여자가 와서 아픈 여자 아이들을 위한 돈을 요청했어." "주셨나요?" 어머니가 물었다. "어디서 내가 주나? 나는 은행이 아니야." 아버지가 화를 내며 대답했다. "게오르고 모든 가족은 낭비하는 운동에 빠져있어. 그 할아버지는 에스페란토 사용자야. 정말 에스페란토는 바보스런 일이지." "바보스런 일이 아니에요." 페탸가 용기있게 말했다.

Li estas ordinara provinca knabo kaj vi havas pli ambiciajn celojn. Vi studos en la medicina universitao en la ĉefurbo, vi estos kuracistino kaj poste vi laboros en iu ĉefurba hospitalo.

— Georgo estas bona kaj edukita knabo — provis diri la patrino.

Ŝi estis pli juna ol sia edzo, blondhara kun svelta korpo kaj bonanimaj bluaj okuloj kiel la okuloj de Petja.

— Ne gravas ĉu li estas bona kaj edukita. Li devenas de familio, kiu okupiĝas pri fantaziaĵoj — ekridetis ironie la patro. — Lia patrino, la instruistino, konstante estas membro aŭ estrarano de iuj bonfarantaj fondaĵoj, kiuj kolektas monon por malsanaj infanoj aŭ por olduloj en maljunulejoj. Antaŭ semajno en mian entreprenon venis iu virino el simila fondaĵo kaj petis monon por malsana knabino.

— Ĉu vi donis? — demandis la patrino.

— De kie mi donu. Mi ne estas banko — kolere respondis la patro. — La tuta familio de Georgo okupiĝas pri superfluaj agadoj. Lia avo estas esperantisto. Ja, Esperanto estas stultaĵo.

— Ne estas stultaĵo — kuraĝis diri Petja.

"바보스런 일이 아니라면 내게 얼마만큼의 사람이 세계에서 인공어를 사용하는지 말해 봐. 나는 벌써 에스페란토에 시간을 뺏기지 말라고 네게 충고했어."

"저는 에스페란토가 마음에 들어요." 페탸가 단호하게 말했다.

"더 부지런히 영어를 공부해야 하는 것을 전혀 이해하지 못 하는구나. 영어는 고등학교에서 나중에 대학교에서도 네게 필요하고 모든 교양있는 사람은 영어를 배워. 너는 진지하게 네 미래를 위해 준비해야 해." 그가 침착하게 말했다.

"여보." 어머니가 말을 꺼냈다.

"페탸는 부지런히 공부하고 완벽한 점수를 받고 있는 것을 알잖아요."

"그래. 나는 잘 알아. 하지만 아주 주의를 기울여야 해. 남자애를 만나는 것은 그녀에게 빨라. 대학에서 공부할 때 젊은이를 만날 권리가 있어."

"이 논쟁은 너무 지나쳐요." 어머니가 결론지었다. "저녁을 먹어요. 음식이 식으니까. 내가 아주 맛있는 음식, 고기를 곁들인 감자를 요리했어요."

페탸는 늘 자기를 지지해 주는 어머니에게 감사의 표현을 하며 쳐다보았다.

— Se ne estas stultaĵo, diru al mi kiom da homoj en la mondo parolas tiun ĉi artefaritan lingvon? Mi jam konsilis vin ne perdi tempon pri Esperanto!

— Al mi plaĉas Esperanto — diris firme Petja.

— Vi tute ne komprenas, ke vi devas pli diligente lerni la anglan. Angla lingvo necesos por vi en la gimnazio kaj poste en la universitato. Ĉiuj kulturaj homoj lernas anglan. Vi devas serioze prepari vin por via estonteco — diris aplombe li.

— Genadi, - alparolis la patrino — vi scias, ke Petja diligente lernas, ŝi havas perfektajn notojn···

— Jes, mi bone scias, sed ŝi devas esti tre atentema. Por ŝi estas frue renkontiĝi kun knaboj. Kiam ŝi komencos studi en la universitato, tiam ŝi rajtos konatiĝi kun junuloj.

— Tiu ĉi disputo jam superfluas — konkludis la patrino. - Ni vespermanĝu, ĉar la manĝaĵo malvarmiĝos. Mi kuiris tre bongustan manĝaĵon — terpomoj kun viando.

Petja dankesprime alrigardis la patrinon, kiu ĉiam subtenis ŝin.

결코 어머니는 게오르고가 나쁜 남자아이라고 말하지 않았다. 어쨌든 게오르고가 마음에 들어 여러번 집에 게오르고를 손님으로 초대했지만, 게오르고는 걱정하며 그 초대를 받아들이지 않았다. 그들은 모두 자기 생각에 빠진 채 조용히 저녁 식사 했다.

저녁 식사를 마치고 페탸는 자기 방으로 들어가서 아버지와 나눈 대화를 오랫동안 깊이 생각했다. 부모님은 항상 자녀에게 가장 좋은 것을 원한다고 그녀는 안다. 아버지는 페탸가 좋은 직업을 갖기 원한다. 몇 년 뒤 그녀가 의사가 되면 그는 분명 매우 자랑할 것이다. 하지만 페탸는 게오르고와 친구 되는 것을 아버지가 왜 원하지 않은지 이해하지 못한다. 그러나 페탸는 완전히 확실하지 않지만 뭔가 짐작했다.

몇 년 전 그녀는 우연히 소문을 들었다. 어느 이웃 여자가 페탸의 아버지가 젊었을 때 게오르고의 어머니랑 사귀었다고 말했다. 아버지는 결혼까지 원했으나 페탸가 알지 못하는 어떤 이유 때문에 게오르고의 어머니가 거절해 그들은 결혼하지 않았다. 그것이 아버지를 몹시 상처를 주어 그때부터 그녀의 이름을 잊으려고 했다.

Neniam la patrino diris, ke Georgo estas malbona knabo. Spite, Georgo plaĉis al ŝi kaj foje-foje la patrino invitis lin gasti al ili hejme, sed Georgo estis sinĝena kaj ne akceptis la inviton.

Ili silente vespermanĝis, ĉiuj koncentritaj en siaj pensoj. Post la vespermanĝo Petja iris en sian ĉambron kaj longe meditis pri la konversacio kun la patro. Ŝi komprenis, ke la gepatroj ĉiam deziras la plej bonan al siaj infanoj. Ŝia patro deziras, ke Petja havu bonan profesion kaj li certe tre fieros, se post jaroj ŝi estos kuracistino. Tamen Petja ne komprenis kial la patro ne deziras, ke ŝi kaj Georgo estu amikoj.

Petja ion supozis, tamen ne estis tute certa. Antaŭ jaroj ŝi hazarde aŭdis klaĉon. Iu najbarino diris, ke la patro de Petja, kiam estis juna, amindumis la patrinon de Georgo. La patro eĉ deziris edziniĝi ŝin, sed pro iu kialo, kiun Petja ne sciis, la patrino de Georgo rezignis kaj ne ili ne edziniĝis. Tio forte ofendis la patron kaj de tiam li deziris forgesi ŝian nomon.

게오르고의 어머니와 헤어진 뒤, 그때 부르가스에서 일하는 젊은 기술자였는데 몇 년간 고통을 이길 수 없어 몇 번 병 때문에 병원에 있었다. 거기서 병원의 젊고 예쁜 간호사 페탸의 어머니를 알게 되었다. 그들 사이에 사랑이 불타서 결혼했다. 그때 부르가스에 살던 어머니는 마리노에 왔다. 페탸는 아버지를 사랑했다. 그는 조금 엄격했지만 자기를 사랑함을 느꼈다. 하지만 페탸는 자기 인생을 스스로 결정하기를 원한다. 그녀가 14살이지만 아버지가 그녀에게 누구랑 친구하고 누구하고는 안 된다고 말할 권리가 없다고 생각한다. '나는 어린아이가 아니다.' 페탸는 깊이 생각했다. 그리고 나는 누가 좋은지 그렇지 않은지 안다. 게오르고는 엄마가 말한 대로 잘 교육받고 교양 있는 남자 아이다. 우리는 단지 친구이고 그것이 내가 꼭 내 인생을 그와 연결시키는 것을 의미하지는 않는다.

아빠는 두려워한다. 하지만 나와 게오르고는 아직 학생이고 우리 사이에 신중한 것은 없다. 우리는 때로 만나고 편지를 서로 교환하지만 내가 보기에 그것은 자연스러운 일이다. 정말 우리는 동급생이니까.

Post la disiĝo kun la patrino de Georgo, li dum jaro ne povis travivi la ĉagrenon, tiam li estis juna inĝeniero, laboris en Burgas kaj foje pro malsano li estis en hospitalo. Tie li konatiĝis kun la patrino de Petja, juna, bela flegistino en la hsopitalo. Inter ili ekflamis la amo, ili edziniĝis kaj la patrino, kiu tiam loĝis en Buragas, venis en Marinon.

Petja amis la patron. Li estis iom severa, sed ŝi sentis, ke li amas ŝin. Tamen Petja deziris mem decidi pri sia vivo. Malgraŭ ke ŝi estas dek kvarjara, ŝi opiniis, ke la patro ne rajtas diri al ŝi kun kiu ŝi amikiĝu kaj kun kiu − ne. "Mi ne estas eta infano, meditis Petja, kaj mi komprenas kiu estas bona kaj kiu − ne. Georgo, kiel diris panjo, estas bonedukita kaj kultura knabo. Ni estas nur amikoj kaj tio ne signifas, ke mi nepre devas ligi mian vivon kun li. Paĉjo timas, sed mi kaj Georgo ankoraŭ estas lernantoj kaj inter ni nenio serioza estas. Ni renkontiĝas de tempo al tempo kaj interŝanĝas leterojn, sed laŭ mi tio ĉi estas natura afero. Ja, ni estas samklasanoj."

아버지 경고에도 페탸는 게오르고와 관계를 전혀 끊고 싶지 않았다. 그는 좋은 친구이고 그녀는 그를 믿는다. 벌써 늦어서 페탸는 침대에 들어가 잘 준비를 했다.

Malgraŭ la averto de la patro, Petja tute ne deziris ĉesigi la rilatojn kun Georgo. Li estas bona amiko kaj ŝi kredis je li.

Jam estis malfrue kaj Petja preparis sin por enlitiĝi kaj ekdormi.

6장. 역사 수업시간

역사 수업시간이다. **아네바** 씨는 선생님이고 아주 젊고 매력적이다.

긴 갈색 머릿결, 하얗고 부드러운 얼굴, 체리같이 큰 눈에 항상 우아하게 차려 입는데, 지금은 파란 웃옷에 매우 멋진 노란색 블라우스를 입었다.

그녀는 30살 정도에 검은 머릿결과 수염, 갈색 눈을 한 낯선 남자와 함께 교실에 들어왔다.

아네바 선생님이 그를 소개했다.

"학생 여러분, 고고학자 **블라디미르 다네브** 선생님을 소개합니다.

그에게 고대도시 **소조폴**에 대해 이야기해 달라고 부탁하세요. 오늘 수업 주제는 소조폴 도시예요."

다네브 씨는 살짝 웃고 학생들 앞에 서서 말했다.

"아네바 선생님이 나를 여러분 학교에 손님으로 초대해 주어서 기쁩니다.

여러분은 모두 마리노 시에 살죠.

매우 흥미로운 고대도시 소조폴은 가까워요.

그래서 그 역사에 대해 많이 안다면 좋을 겁니다.

6.

Estis leciono pri historio. Sinjorino Aneva, la instruistino, tre juna kaj ĉarma, havis longajn brunajn harojn, blankan kaj mildan vizaĝon kaj grandajn okulojn kiel ĉerizojn. Ŝi ĉiam estis elegante vestita kaj nun surhavis bluan robo n[15] kaj tre fajnan flavkoloran bluzon. Ŝi eniris la klasĉambron kun nekonata viro, kiu estis ĉirkaŭ tridekjara, nigrohara kun barbo kaj brunaj okuloj. Sinjorino Aneva prezentis lin:

— Gelernantoj, mi invitis sinjoron Vladimir Danev, arkeologon, kaj petis lin rakonti pri la antikva urbo Sozopol. La temo de nia hodiaŭa leciono estos urbo Sozopol.

Sinjoro Danev ekstaris antaŭ la gelernantoj ekridetis kaj diris:

— Mi ĝojas, ke sinjorino Aneva invitis min gasti en via lernejo. Vi ĉiuj loĝas en urbo Marino, proksime al urbo Sozopol, tre ineteresa antikva urbo, kaj estus bone, ke vi pli multe sciu pri ĝia historio.

---

15) rob-o <服> 길고 헐거운 겉옷, 긴 원피스의 여자 옷, 긴 간난애 옷; (승려, 교사, 법관, 변호사, 교수 등의) 법복(法服), 관복(官服), 식복(式服).

벌써 몇 년 전부터 나는 소조폴에서 고고학자로 일하며 그것의 과거를 조사하고 있어요. 그곳은 역사적인 관점에서 보면 아주 재미있고 당시 도시 거주자의 삶, 전통, 문화, 일에 대한 많은 정보를 줍니다."

학생들은 매우 주의깊게 들었다. 게오르고는 그를 주시하고 고고학자의 직업이 매력적이라고 깊이 생각했다. 거의 모든 사람이 미래를 살피기 원한다. 미래에 무슨 일이 우리를 기다릴지, 우리의 삶은 어떨지, 수십 년 뒤 사람들은 어떻게 달라질지, 기술은 얼마나 빠르게 발전할 것인지 알고 싶어 한다. 그러나 소수의 사람은 그 시선을 과거로 향한다.

그들은 수백 년 전에 무슨 일이 일어났는지 조사하고. 지난 세대의 삶을

다시 세우려고, 그들이 어떻게 살았는지 무엇을 생산했는지 무엇을 만들었는지 알려고 노력한다. 고고학자들은 우리의 삶이 어떤 식으로 발전했는지 알려고 노력한다. 어디에서 우리는 왔으며 어디로 가는가? 아주 특별한 직업이다. 고고학자가 되고 싶다. 게오르고는 혼잣말했다. 다네브 씨의 목소리는 상쾌하고 그 이야기는 재미있다.

Jam de kelkaj jaroj mi laboras kiel arkeologo en Sozopol kaj mi esploras ĝian pasintecon, kiu estas el historia vidpunkto tre interesa kaj donas multajn informojn pri la vivo de la tiamaj loĝantoj de la urbo, pri iliaj tradicioj, kulturo kaj laboro.

La lernantoj tre atente aŭskultis. Georgo rigardis lin kaj meditis, ke la profesio de la arkeologoj estas alloga. Preskaŭ ĉiuj deziras ekrigardi en la estontecon, deziras ekscii kio atendas nin en la futuro, kia estos nia vivo, ĉu la homoj post jardekoj estos aliaj, ĉu la teknologioj rapide evoluos, sed malmultaj estas tiuj, kiuj direktis siajn rigardojn al la pasinto. Ili esploras kio okazis antaŭ jarcentoj, ili strebas restarigi la vivon de la estintaj generacioj, ekscii kiel ili vivis, kion ili produktis, kion ili inventis. La arkeologoj klopodas kompreni kiamaniere progresis nia vivo. De kie ni venas kaj kien ni iras. "Ege neordinara profesio kaj mi ŝatus iĝi arkeologo – diris al si mem Georgo."

La voĉo de sinjoro Danev estis agrabla kaj lia rakonto interesa:

"소조폴에서 이미 기원전 611년에 고대 그리스인이 살기 시작했어요. 도시의 처음 이름은 **안테아**였고 나중에 **아폴로** 신의 이름에서 **아폴로니아**라고 불렀어요. 당시 도시는 빠르게 성장했죠.

당시 거주자는 어느 쓰여진 기록에 따르면 3만명이었어요. 그래서 도시는 아테네처럼 커졌어요. **헤로도토스**라는 가장 유명한 고대 그리스 역사가는 썼어요.

나는 아테네, 아폴로니아 어느 것이 더 예쁜 도시인지 모른다. 그때 도시는 아주 중요한 문화와 상업의 중심지였어요.

기원전 5세기에 유명한 아테네의 조각가 **칼라미디**는 소조폴에 높이가 13미터인 거대한 아폴로 청동상을 만들었어요. **필립 마케도니아**와 나중에 **알렉산드로 마케도니아**의 침략 중에 소조폴은 독립도시가 되고, 매우 풍요로운 예술 중심지가 되었어요. BC 72년 로마의 지방 총독 **마르크 주쿨**이 소조폴을 정복했어요. 395년 도시는 동로마제국에 포함되었고, 812년 **불가리아**의 **크룸** 왕에게 정복되었어요. 서쪽 흑해 연안의 가장 중요한 기독교 중심지 중 하나가 되었습니다. 여기에 많은 성당이 지어졌지요.

— Tie, en Sozopol, jam en 611 antaŭ Kristo ekloĝis antikvaj grekoj. La unua nomo de la urbo estis Antea, poste oni nomis ĝin Apolonia, je la nomo de dio Apolono. La tiama urbo rapide grandiĝis kaj ĝiaj loĝantoj, laŭ iuj skribaj dokumentoj, estis tridekmil. Do, la urbo estis granda kiel Ateno. Herodoto, la plej eminenta antikva greka historiisto, skibis: "Mi ne scias kiu urbo estas pli bela: ĉu Ateno, ĉu Apolonia." Tiam la urbo estis tre grava kultura kaj komerca centro.

Je la 5-a jarcento antaŭ Kristo la fama atena skulptisto Kalamidi faris en Sozopol grandan statuon de Apolono, bronzan, altan dektri metrojn. Dum la invado de Filip Makedona kaj poste de Aleksandro Makedona, Sozopol iĝis sendependa urbo, tre riĉa artcentro.

En 72 antaŭ Kristo la romia prokonsulo Mark Zukul konkeris Sozopol. En 395 la urbo jam apartenis al Orienta Romia Imperio. En 812 la urbo estis konkerita de bulgara ĥano Krum kaj iĝis unu el la plej gravaj kristanaj centroj de Okcidenta Nigramara Bordo. Ĉi tie estis konstruitaj multaj preĝejoj.

1453년 터키 사람이 이 도시를 정복해 성당과 많은 멋진 건물을 파괴했어요.

1828년에서 1829년까지 러시아-터키 전쟁 중 한 전투에서 러시아 군인들이 소조폴을 해방시켜 중요한 군사 항구가 되었지만 얼마 지나지 않아 터키가 다시 이 도시를 침략했어요.

터키 통치에서 불가리아 해방 뒤 1878년 소조폴은 빠르게 가장 번성하는 불가리아 도시 중 하나가 되었지요.

지금 소조폴은 많은 박물관과 기념물이 있는 중요한 문화중심지입니다.

매년 불가리아와 외국 관광객들이 이곳을 방문해요."

고고학자 다네브는 간결하게 이야기를 마치고 말했다.

"학생 여러분, 질문 있나요?" 모두가 조용했다. 그러나 게오르고가 손을 들어 질문했다.

"다네브 선생님, 우리 도시 마리노에서 가까운 섬 성 니콜라오에 관해 무언가 말해 줄 수 있나요?"

"좋아요. 몇 마디 말할게요. 그곳은 작은 섬이에요. 불가리아 해안가 근처에 많은 섬이 없어요. 섬들 중 하나가 성 니콜라오입니다.

En 1453 la turkoj konkeris la urbon, ruinigis la preĝejojn kaj multajn belajn konstruaĵojn. En 1828-1829 dum unu el la rusaj-turkaj militoj, la rusaj soldatoj sukcesis liberigi la Sozopol kaj ĝi iĝis grava armea haveno, tamen post nelonge la turkoj denove invadis la urbon.

Post la liberigo de Bulgario de la turka regado en 1878, Sozopol rapide iĝis unu el la prosperantaj bulgaraj urboj. Nun Sozopol estas grava kultura centro kun multaj muzeoj kaj monumentoj. Ĉiujare ĝin vizitas pluraj turistoj bulgaraj kaj eksterlandaj.

La arkeologo Danev finis sian koncizan rakonton kaj diris:

— Gelernantoj, ĉu vi havas demandojn?

Ĉiuj silentis, sed Georgo levis brakon kaj demandis:

— Sinjoro Danev, ĉu vi povus diri ion pri la insulo "Sankta Nikolao", kiu estas proksime al nia urbo Marino?

— Bone. Mi diros kelkajn vortojn. Ĝi estas malgranda insulo. Vi scias, ke en Nigra Maro, proksime al bulgara bordo ne estas multaj insuloj. Unu el ili estas "Sankta Nikolao".

몇 년 전 섬에 고고학자들이 조사해서 거기에 이미 1500년에 몇 명 수도사가 있는 작은 수도원이 있었다고 밝혔어요.

1600년경 터키사람이 그 수도원을 파괴했어요.

러시아-터키 전쟁 중 그 섬은 터키군의 전략적 거점이 되어 거기서 대포로 러시아 배를 공격했죠.

불가리아 해방 뒤 섬에서 수도원은 재건축되었고 거기에 풍차 방앗간을 만들어 그 덕분에 수도사는 생계를 유지할 수 있었어요.

마찬가지로 교회도 다시 지어졌죠.

잘 알다시피 섬은 여러 해 군인들이 살고 병영이 있었다고 말해요.

얼마 전에 군인들이 섬을 떠나고 이제 누구나 거기 갈 수 있어요."

아네바 선생님은 다네브 선생에게 감사하고 그는 고고학자의 일을 살펴보도록 소조폴에 학생들을 한번 초대하겠다고 약속했다.

이제 게오르고는 섬에 대해 더 많이 알게 돼서 그에게 그것은 그다지 신비롭지 않았다.

Antaŭ jaroj sur la insulo estis arkeologiaj esploroj, kiuj montris, ke tie jam en 1500 estis malgranda monaĥejo[16] kun kelkaj monaĥoj. Ĉirkaŭ 1600 la turkoj ruinigis la monaĥejon. Dum la rusa-turka milito la insulo estis strategia bazo de la turka armeo kaj de ĝi per artilerio la turkoj atakis la rusajn ŝipojn. Post la liberigo de Bulgario la monaĥejo sur la insulo estis restarigita. Tie oni konstruis ventajn muileojn, dank' al kiuj la monaĥoj vivtenis sin. Estis rekonstruita same la preĝej o.[17] Vi bone scias, ke dum jaroj sur la insulo estis soldatoj aŭ tiel dirite sur ĝi estis kazerno. Antaŭnelonge la soldatoj forlasis la insulon kaj oni jam povas iri al ĝi.

Sinjorino Aneva dankis al sinjoro Danev kaj li promesis, ke foje invitos la lernantojn en Sozopol trarigardi la laboron de la arkeologoj. Nun jam Georgo pli multe sciis pri la insulo kaj por li ĝi ne estis tiel mistera.

---

16) monaĥ-o 승(僧), 수도자(修道者). monaĥino여승(女僧), 수녀(修女). monaĥismo 승원(僧院)생활, 수도생활, 금욕생활. monaĥejo승원, 수도원.

17) preĝ-i <自> <宗>기도(祈禱)하다, 빌다, 기원(祈願)하다, preĝo 기도:주문(呪文) preĝaro, libro 기도서(書) preĝejo 예배당, 교당, 교회.

7장. 삼인방

내가 섬에 대해, 그곳의 보물에 대해 들었을 때 내 속에서 호기심이 깨어났다.

게오르고는 깊이 생각했다. 나는 즉시 섬에 가서 살펴보고 싶었다. 수많은 세월 그곳은 비밀스럽고 군사 지역이라 오직 군인들만 거기 있었고 자연스럽게 나는 그곳이 어떻게 생겼는지 보러 가고 싶었다. 자주 나는 해안가에서 그것을 바라보고 그곳에 대해 환상을 품고 언젠가 그곳에 가리라고 꿈을 꾸었다. 무언가 금지될 때 그것은 훨씬 더 매력을 끈다. 우리 조상이 호기심이 없었다면 어떻게 미지의 장소 땅을 발견할 수 있는가? 크리스토퍼 콜럼버스는 인도로 항해했다. 인도로 가는 새로운 길을 발견하고 싶어서. 그리고 미 대륙을 발견했다. 많은 과학자들이 아프리카에 오스트레일리아에 무엇이 있는지 호기심을 가지고 찾아가, 새로운 인종, 생물, 동물을 발견했다. 의심 할 것 없이 호기심은 가장 긍정적인 인간특성 중 하나다. 우리 삼인방 니코, 자하리, 나는 과학적 원정대를 만들 것이다. 우리는 섬에 가서 그것을 조사하고 숨겨진 보물을 발견할 수도 있다.

7.

"Kiam mi aŭdis pri la insulo kaj pri la trezoro tie, en mi vekiĝis la scivolo – meditis Georgo. – Mi tuj deziris iri kaj trarigardi la insulon. Tiom da jaroj ĝi estis sekreta, armea, nur soldatoj estis tie kaj nature, ke mi ekdeziris iri vidi kiel ĝi aspektas. Ofte mi rigardas ĝin de la bordo, mi fantaziis pri ĝi, revis iam esti tie.

Kiam io estas malpermesita, ĝi pli forte allogas. Kiel estus trovitaj la nekonataj lokoj, teroj se niaj praavoj ne estus scivolemaj. Kristoforo Kolumbo eknaĝis al Hindio, ĉar deziris trovi novan vojon al Hindio kaj trovis Amerikon. Multaj sciencistoj scivolis ekscii kio estas en Afriko, en Aŭstralio kaj ili trovis novajn gentojn, kreskaĵojn, bestojn. Sendube la scivolemo estas unu el la plej pozitivaj homaj trajtoj.

Nia tiropo Niko, Zahari kaj mi faros sciencan ekspedicion. Ni iros al la insulo, esploros ĝin kaj povos okazi, ke ni trovos la kaŝitan trezoron.

우리는 모든 구석구석을 자세히 살필 것이다. 나중에 가능한 여러 번 거기 갈 것이다. 섬은 보물이라고 이름해서 우리 고유의 독립한 나라가 될 것이다.

오후에 게오르고는 니코, 자하리랑 모래사장에서 만나기로 이야기했다. 거기에 어부의 오두막집이 있는데 그곳에서 만나야 한다. 게오르고는 거기로 출발했다.

모래사장에는 황량하고 사람도 보이지 않고 오직 갈매기만 으시대듯 조용하게 파도 근처 해안가를 거닐고 있다. 어부의 오두막집은 일어설 힘도 없는 노인 같다.

게오르고는 나무 문을 열고 들어갔다. 반쯤 조명이 드는 넓은 곳이다. 오른쪽 벽 작은 창을 통해 햇볕이 조금 들어왔다. 가운데에는 긴 나무 탁자와 의자가 몇 개 놓여있다. 날씨가 궂을 때 어부들이 여기에 와서 탁자 주위에 앉아 대화하고 카드 게임을 한다. 문 반대편 벽에는 선반이 있고 추운 날 차와 적포도주를 데우는 난로가 그 위에 있다. 한 구석에는 어부의 그물망과 나무로 된 노가 보였다.

오두막집 안에는 온통 생선 냄새가 났다.

Ni detale trarigardos ĉiujn angulojn. Poste eble plurfoje ni iros tien. La insulo estos nia memstara kaj sendependa lando, kiun ni nomos Trezoro."

Posttagmeze Georgo priparolis renkontiĝi kun Niko kaj Zahari sur la plaĝo. Tie estis fiŝkaptista kabano, en kiu ili devis kunveni. Georgo ekiris tien. La plaĝo estis dezerta, nevideblis homoj, nur laroj fiere kaj trankvile promenis sur la bordo, proksime al la ondoj.

La fiŝkaptista kabano similis al oldulo, kiu ne havas fortojn stariĝi. Georgo malfermis la lignan pordon kaj eniris. Estis vasta ejo duonmalluma. Nur tra eta fenestro sur la orienta muro eniris iom da sunlumo. En la mezo staris longa ligna tablo kun kelkaj seĝoj. Kiam la vetero estis malbona, la fiŝkaptistoj venis ĉi tien, sidiĝis ĉirkaŭ la tablo kaj konversaciis aŭ kartludis. Ĉe la muro, kontraŭ la pordo, estis bretoj kaj forno, sur kiu dum la malvarmaj tagoj oni kutimis boligi teon kaj ruĝan vinon. En unu el la anguloj videblis fiŝkaptistaj retoj kaj lignaj remiloj. La tuta kabano odoris je fiŝoj.

게오르고는 친구를 기다리려고 탁자에 앉았다.

몇 분 뒤 니코와 자하리가 왔다.

"무슨 일이야?" 니코가 물으며 조금 불안한 듯 게오르고를 바라보았다.

"곧 할아버지 배를 가져와 섬에 가자고 네가 말했잖아. 정말 며칠이 지났는데 아무 말이 없어."

"아직 할아버지께 말씀을 드리지 못했어." 게오르고가 대답했다.

"네가 두려워한다고 솔직히 고백해." 니코가 반박했다.

"감히 할아버지랑 말할 용기가 없잖아."

"왜 서두르니?

우리는 먼저 자세한 계획을 세워야 해.

언제 출발하고 무엇을 준비해야 하는지 우리는 여러 가지 도구가 필요해. 곡괭이, 삽, 손전등 기타.

자세히 생각하고 어느 날 출발할지 결정해야 돼."

게오르고가 설명하려고 했다.

"이것 봐." 니코가 화나서 말했다.

"우리는 특별한 계획이 필요 없어. 가기로 마음먹고 더 빨리 출발해야 해. 정말 누군가 다른 사람이 보물을 찾으러 갈 거야." 게오르고는 그를 잘 안다. 그는 조금 신경질적이다.

Georgo sidiĝis ĉe la tablo por atendi la amikojn. Post kelkaj minutoj venis Niko kaj Zahari.

— Kio okazis? — demandis Niko kaj iom malserene alrigardis Georgon. — Vi diris, ke baldaŭ prenos la boaton de via avo kaj ni iros al la insulo. Ja, pasis kelkaj tagoj kaj vi nenion mencias.

— Mi ankoraŭ ne parolis kun avo — respondis Georgo.

— Pli bone konfesu, ke vi timiĝas — replikis lin Niko, - ke vi ne kuraĝas paroli kun li.

— Kial vi rapidas? Ni devas unue fari detalan planon: kiam ni ekiru, kion ni devas preni, ni bezonas diversajn ilojn: fosilojn, ŝovelilojn, lanternojn kaj tiel plu. Ĉion detale ni devas pripensi kaj decidi en kiu tago ni ekiru — provis klarigi Georgo.

— Vidu — diris Niko kolere — ni ne bezonas specialan planon! Ni decidis iri kaj ni devas eki pli rapide. Verŝajne iuj aliaj iros serĉi la trezoron.

Georgo bone komprenis Nikon. Li estis iom nervoza.

그의 부모는 오래전에 이혼하고 니코는 어머니랑 산다. 아버지는 벌써 다른 가정을 꾸렸고, 니코는 아주 가끔 그를 본다. 어머니는 우체국에서 근무하는데 급여가 작아 매우 어렵게 산다.

니코는 어른이 되면 부자가 되어 최신 차, 아주 멋진 집을 가질 가능성을 찾을 거라고 항상 말했다. 그는 화려한 인생, 예쁜 여자, 다양한 놀이에 대해 꿈을 꾸었다.

"게오르고가 맞아." 자하리가 말을 꺼내더니 그들을 똑바로 쳐다봤다.

그는 친구들이 화 내지 않고 서로 책망하지 않기를 바란다.

"우리 계획을 짜자. 섬에 가는 것은 모험이고 우리는 잘 대비해야 돼. 우리는 날씨가 더 좋은 날을 택해야 해. 날씨가 나쁘면 힘들게 섬까지 노를 저어야 하니까. 커다란 파도, 폭풍우가 있고 위험해." 자하리가 설명했다.

"너도 게오르고처럼 용기가 없구나." 니코가 슬며시 웃었다.

"우리는 우리 생명을 걸어서는 안 돼." 자하리가 반박했다. "정말 우리는 계획을 성공하는 것을 원하지 바다에 빠지는 것을 의미하지는 않아."

Liaj gepatroj delonge divorcis kaj Niko loĝis kun la patrino. Lia patro jam havis alian familion kaj Niko tre malfote vidis lin. La patrino laboris en la poŝtoficejo, ŝia salajro estis malalta kaj ili vivis tre malriĉe. Niko ĉiam diris, ke kiam li plenkreskos, li trovos eblecon esti riĉa, havi modernan aŭton, belegan domon. Li revis pri luksa vivo, belaj virinoj kaj variaj amuzoj.

— Georgo pravas — ekparolis Zahari kaj fiksrigardis ilin.

Li deziris, ke la amikoj ne koleriĝu kaj ne riproĉu unu la alian.

— Ni faru planon. Iri al la insulo estas aventuro kaj ni devas bone antaŭprepari nin. Ni elektu tagon, kiam la vetero estos pli bona, ĉar se la vetero estas malbona, ni malfacile remos al la insulo. Estos grandaj ondoj, ventego kaj danĝeros —klarigis Zahari.

— Vi same estas malkuraĝulo kiel Georgo — ekridaĉis Niko.

— Ni ne devas riski nian vivon — replikis lin Zahari. — Ja, ni deziras, ke nia plano sukcesu, ne estas senco, ke ni dronu en la maro.

"좋아." 게오르고가 결론지었다.

"우리는 일기예보를 며칠 동안 주의해서 보고 어느 날 출발할지 결정해."

"그것이 첫 번째가 아니라 마지막으로 그 섬에 간다는 것을 잊어서는 안 돼. 나중에 거기 여러 차례 가는 것이 필요할지도 몰라. 우리는 잘 살펴야 해." 자하리가 덧붙였다.

자하리는 자기 생각과 감정을 나타내지 않았다. 그의 부모는 더 엄격하게 그를 대한다.

아버지는 부르가스에서 법학자이고 어머니는 음악 교사다.

어머니는 자하리가 유명한 음악가 바이올린 연주자가 될 거라고 확신하고 매일 여러 시간 바이올린을 연습하도록 강요했다.

자하리는 부지런히 어머니의 명령을 수행했고 규칙적으로 꾸준히 바이올린을 연주했다.

그는 완벽한 학생이고 잘 교육받았지만 자하리가 적어도 한 번씩은 엄격한 규칙, 어머니 명령에서 벗어나 자유롭기를 바란다고 게오르고는 잘 안다.

— Bone – konkludis Georgo. – Ni atentos la veterprognozon dum la sekvaj tagoj kaj ni decidos, en kiu tago ni ekiru.

— Ni ne forgesu, ke tio ne estos la unua kaj lasta nia iro al la insulo. Verŝajne necesos, ke poste ni kelkfoje iros tien. Ni devas bone trarigardi[18] ĝin – aldonis Zahari.

Zahari ne montris siajn pensojn kaj emociojn. Liaj gepatroj pli severe rilatis al li. La patro estis juristo en Burgas kaj la patrino – instruistino pri muziko. La patrino certis, ke Zahari iĝos fama muzikanto, violonisto kaj ŝi insistis, ke kelkajn horojn ĉiutage Zahari violonludu. Zahari diligente plenumis la ordonojn de la patrino, regule, obstine violonludis. Li estis perfekta lernanto, bonedukita, sed Georgo bone komprenis, ke Zahari sopiras almenaŭ foje eskapi el la severaj reguloj, el la ordonoj de la patrino kaj esti libera.

---

18) rigard-i <自> 보다, 바라보다, 주시(注視)하다; (집 따위가) 향(向)하다, 면(面)하다, 살펴보다; 둘러보다; 간주하다; 여기다, ...한 눈으로 보다. rigardo 눈; 눈치; 시선(視線); 견해(見解), 얼굴표정, 안색, 신색(神色). rigardadi 주시(응시, 숙시)하다, 자세히 보다. fikse rigardi, egi <自> 뚫어지게 보다, 노려(흘겨)보다. rigardaĉi 흘겨보다, 멍하니 바라보다. trarigardi <他> 통찰(洞察)하다.

아마 그래서 그는 원해서 섬에 가서 자유를 느끼고 몇 시간 동안 부모님으로부터 멀리 떨어지고 바이올린과 음악에 대해 생각하지 않고 뭔가 특별한 뭔가 낭만적인 것을 찾아 헤매고, 모든 남자아이들이 하는 무언가를 경험하고 자유롭게 놀고 어린이다움을 즐기고, 부모님이 시키는 그것만이 아니라 그가 원하는 것을 하고 싶어한다.

날씨 예보를 잘 지켜보고 날씨가 좋을 때 바로 섬에 가자고 남자아이들은 서로 뜻을 모았다.

Eble ĝuste tial li deziris iri al la insulo, eksenti la liberecon, dum kelkaj horoj esti malproksime de la gepatroj, ne pensi pri la violono kaj la muziko, vagi kaj serĉi ion neordinaran, ion romantikan, travivi ion, kion ĉiuj knaboj travivas — libere ludi, ĝui la infanecon, malproksime de la gepatroj, esti li mem, fari kion li deziras kaj ne nur tion, kion ordonas la gepatroj.

La knaboj interkonsentis, ke ili atentu la veterprognozon kaj kiam la vetero estos bona ili tuj ekiros al la insulo.

8장. 자하리의 가정

자하리는 멀리 이국적인 나라에 여행 가는 것을
꿈꾼다. 상상 속에서 그는 커다란 배를 타고 원주
민들이 사는 먼 섬에 가서 그들의 생활 태도, 전
통과 관심을 조사하는 자신을 본다.
환상이 아주 풍요로와 그림으로 이 멋진 매력적인
먼 섬을 상상했다.
그는 아프리카나 다른 세계 지역의 다양한 탐험대
에 관한 많은 책을 읽었다.
그는 원주민 사이에 자신이 있는 것을 보았고, 그
들과 오두막집에서 살면서 밀림에서 야생동물을
같이 사냥하는 것을 상상했다.
바로 그래서 성 니콜라오 섬에 가자는 게오르고의
생각이 마음에 들었다.
이 계획은 매우 자극적이다.
미지와 위험이 자하리를 매혹시킨다. 그는 성 니
콜라오 섬에 가 본 적이 없다. 그것이 어떻게 생
겼는지 알기 원해서 여러 번 해안가에서 그것을
보았지만, 거기 가는 것은 분명히 아주 인상적인
경험이다. 오랜 세월 거기에는 오직 군인만 있고
아주 소수의 일반 사람이 거기 갔다.

8.

Zahari revis pri veturadoj al malproksimaj kaj ekzotikaj landoj. En siaj imagoj li vidis sin veturi per grandaj ŝipoj al foraj insuloj, kie loĝas indiĝenoj por esplori ilian vivmanieron, tradiciojn kaj kutimojn. Lia fantazio estis tre riĉa kaj li bilde imagis tiujn belegajn allogajn forajn insulojn.

Li legis multajn librojn pri diversaj ekspedicioj en Afriko kaj en aliaj mondpartoj. Li vidis sin inter la indiĝenoj, imagis, ke loĝas kun ili en kabanoj kaj kun ili ĉasas sovaĝajn bestojn en la ĝangalo. Ĝuste tial plaĉis al li la ideo de Georgo iri al la insulo "Sankta Nikolao". Tiu ĉi plano estis tre incita. La nekonateco kaj la risko logis Zahari. Neniam li estis sur la insulo "Sankta Nikolao". Li deziris scii kiel ĝi aspektas, plurfoje rigardis ĝin de la bordo, sed iri tien certe estis tre impresa travivaĵo. Dum longaj jaroj tie estis nur[19] soldatoj kaj tre malmultaj ordinaraj homoj iris tien.

---

19) nur <副> 오직, 단지, 단순히, 다만; 오직…뿐, 불과…에 그쳐; …만, …뿐; <接> 그렇기는 하지만. nura 단지[오직,다만] 하나의, 단순한. nur ĵus 간신히, 지금 막 …한.

자하리는 거기 수도원을 보고 자세히 섬을 살피기를 꿈꾼다.

게오르고가 말한 것처럼 거기에 진짜 파견대장 안겔이 숨긴 대규모 보물이 있을지 모른다.

분명 그것은 아주 가치 있다. 아마 그것은 황금동전 뿐만 아니라 다양한 금은 장식품일 것이다.

지금 자하리는 뉴질랜드에 관한 재미있는 책을 읽는다. 그것이 너무나 매력적이라 그만두고 내일 수업을 공부할 수 없다.

그는 충분히 시간이 있다고 스스로 마음을 안정시키고 나중에 빨리 수업을 공부하고 숙제를 할 것이다. 책을 읽으면서 어머니 **레나 마녜바**가 언제 돌아왔는지 듣지 못했다.

그녀는 자하리의 방으로 들어가 소리 없이 문 옆에 섰다.

"자하리!" 그녀가 말했다.

"엄마. 안녕하세요." 조금 혼란해서 자하리가 인사했다.

"다시 아마도 여행 책을 보고 있구나." 레나가 꾸중하듯 물었다.

"예." 자하리가 대답했다.

"책이 너무 재미있어요."

Zahari revis vidi la monaĥejon tie, trarigardi detale la tutan insulon kaj kiel diris Georgo, povas esti, ke tie vere estas kaŝita la granda trezoro de voevodo Angel. Certe ĝi tre valoras. Eble ĝi enhavas ne nur orajn monerojn, sed diversajn orajn kaj arĝentajn ornamaĵojn.

Nun Zahari legis interesan libron pri Nov-Zelando. Ĝi tiel logis lin, ke ne povis lasi ĝin kaj komenci lerni la lecionojn por la morgaŭa tago. Li trankviligis sin mem, ke havas sufiĉe da tempo kaj poste li rapide lernos la lecionojn kaj skribos la hejmajn taskojn. Legante li ne aŭdis kiam lia patrino, Lena Maneva, revenis hejmen. Ŝi eniris la ĉambron de Zahari kaj ekstaris senmova ĉe la pordo.

— Zahari — diris ŝi.

— Panjo, bonan tagon — salutis ŝin Zahari iom konfuzita.

— Denove vi legas libron eble pri vojaĝoj? — demandis Lena riproĉe.

— Jes — respondis Zahari — la libro estas tre interesa.

"의심할 것 없이 너는 내일 수업을 준비했니?"

"시간이 있어요. 그것을 준비할게요. 어렵지 않아요." 레나는 불만족하며 그를 바라보았다.

그녀는 38살이고 밤색 머릿결에 호박색으로 빛나는 눈동자를 가졌다.

지금 레나는 노란 모래색 웃옷을 입었다.

부르가스에 있는 고등학교 음악 선생이고 항상 최신 유행하는 옷을 좋아하지만 사치하지는 않는다.

학생들은 그녀를 좋아한다. 항상 조용하고 결코 신경질을 내지 않기 때문이다.

레나에게 음악은 가장 큰 예술이다.

고등학교에서 소녀 합창단을 지도하는데 자주 여러 국내외 축제에서 노래하고 상도 받았다.

자하리는 그녀의 독자라서 모든 노력을 그에게 쏟아붓는다.

벌써 자하리가 다섯 살 때 레나는 바이올린 연주를 가르쳤고 그는 충분히 잘 바이올린을 연주하고 실력이 늘어 의심할 바 없이 음악적 재능이 있다.

하지만 바이올린 연주가 그의 가장 좋은 취미는 아니다. 자하리는 오직 어머니 때문에 아주 많이 연습하고 부지런하다.

왜냐하면 엄마의 꿈을 깨고 싶지 않으니까.

— Sendube, sed ĉu vi preparis la lecionojn por morgaŭ?

— Estas tempo. Mi preparos ilin, ne estas malfacilaj.

Lena malkontente alrigardis lin. Ŝi estis tridek okjara kun kaŝtankolora hararo kaj okuloj, kiuj havis sukcenan brilon. Nun Lena surhavis robon kun sabloflava koloro. Instruistino pri muziko en gimnazio en Burgas, ŝi ŝatis ĉiam esti bone mode vestita, sed ne ekstravagance. La gelernantoj ŝatis ŝin, ĉar ĉiam estis trankvila kaj neniam ili vidis ŝin nervoza. Por Lena la muziko estis la plej granda arto. En la gimnazio ŝi estris knabinan koruson, kiu ofte kantis dum diversaj festivaloj, naciaj kaj internaciaj, kaj gajnis premiojn.

Zahari estis ŝia sola infano kaj ĉiuj ŝiaj streboj estis direktitaj al li. Jam, kiam Zahari estis kvinjara, Lena komencis instrui lin violonludi kaj li sufiĉe bone progresis en violonludado, sendube li havis muzikan talenton, sed la violonludado ne estis lia ŝatata okupo. Zahari tamen multe ekzercis kaj estis diligenta nur pro la patrino, ĉar ne deziris senrevigi ŝin.

레나는 자하리의 운명이 음악이라고 확신했다.

몇 년 뒤 가장 큰 세계 무대에서 자하리가 바이올린 연주하는 것과 대단한 연주가가 되는 것을 상상했다. 레나는 그것을 강하게 꿈꿔왔다. 왜냐하면 언젠가 세계 유명한 오페라 가수가 되고 싶었으니까.

그녀가 아가씨였을 때 고향 **슬리벤**에서 고등학교를 마치고 수도에 있는 음악 교육원에서 공부했다. 레나는 아주 예쁜 목소리를 가졌다.

그녀의 선생은 늘 눈부신 오페라 가수가 될 거라고 말했다. 그녀도 마찬가지로 미래의 직업으로 가장 커다란 오페라 공연장, 유명 오페라에서 역할을 꿈 꿨다. 음악 교육원을 마친 뒤 부르가스 시에 있는 오페라극장에서 오페라 가수가 되었다. 3년간 성공적으로 역을 맡았지만, 아쉽게도 아파서 그녀의 예쁜 목소리가 망가졌다. 레나는 더 오페라 가수가 될 수 없어서, 고등학교 음악교사가 되었다. 그것이 그녀에게 커다란 고통이었다.

어느 시간 레나는 강하게 좌절했지만 나중에 가르치는 것이 귀하고 책임감 있는 행동이라고 확신했다. 온 마음으로 가르치는데 헌신해서 이 일에서 참 만족을 찾았다.

Lena certis, ke la destino de Zahari estas la muziko. Ŝi imagis, ke post kelkaj jaroj Zahari violonludos sur la plej grandaj mondscenejoj kaj li estos virtuoza muzikanto. Lena forte revis pri tio, ĉar iam deziris esti mondfama operkantistino. Kiam ŝi estis junulino kaj finis gimnazion en sia naska urbo Sliven, ŝi komencis studi en Muzika Akademio en la ĉefurbo. Lena havis belegan voĉon kaj ŝiaj instruistoj ĉiam diris, ke ŝi estos brila operkantistino. Same ŝi vidis sian estontan karieron sur la plej grandaj operscenejoj kaj revis roli en famaj operoj.

Post la fino de la Muzika Akademio Lena iĝis operkantistino en la operejo en urbo Burgas, kie ŝi sukcese rolis tri jarojn, sed bedaŭrinde ŝi malsaniĝis kaj ŝia bela voĉo difektiĝis. Lena ne povis plu esti operkantistino kaj tial ŝi iĝis muzikinstruistino en gimnazio. Tio kaŭzis al ŝi grandan ĉagrenon. Iom da tempo Lena estis forte depresita, sed poste konstatis, ke instrui estas nobla kaj respondeca agado. Kun sia tuta animo ŝi dediĉis sin al la instruado kaj en tiu ĉi laboro trovis veran kontentigon.

하지만 그녀의 커다란 세계 무대의 꿈은 여전히
남아 그녀는 이 꿈을 실현시킬 운이 없지만 자하
리는 이것을 실현시켜야 한다고 결심했다. 그래서
레나는 자하리가 음악에 몰두하도록 강요했다. 하
지만 자하리는 미지의 이국적인 나라와 특별한 경
험을 위한 먼 여행을 꿈꾸고 있다. "오늘 바이올
린 연습했니?" 레나가 물었다. "아니요." 솔직하
게 자하리가 대답했다. "시간이 없었어요. 학교에
서 조금 늦게 돌아 왔어요.""그게 무슨 말이니?"
레나가 엄하게 물었다. "매일 바이올린 연습해야
하고, 항상 바이올린 연습할 시간을 찾아야 하는
것을 너는 잘 알잖아." 자하리는 어머니에게 대들
고 싶지 않았다. 하지만 언젠가 그가 바이올린 연
습을 꼭 해야 하지 않고 먼 여행을 위해 몰두할
시간이 오리라고 알고 있다. 아버지 안드레이는
자하리에게 완전히 다르게 대한다. 자하리가 바이
올린 연습하라고 결코 강요하지 않는다. 아버지는
독서가 더 자하리를 매혹시킨다는 것을 보고 자주
재밌는 책을 사 주셨다. 때때로 아버지는 말했다.
"모든 사람은 무슨 하고 싶은 것을 스스로 찾아야
해. 누구는 음악이고 누구는 극장이고 누구는 기
술이고."

Tamen ŝia revo pri la grandaj mondaj scenejoj restis kaj ŝi decidis, ke se ŝi ne havis ŝancon realigi tiun ĉi revon, Zahari devas realigi ĝin kaj tial Lena insistis, ke Zahari dediĉu sin al la muziko. Zahari tamen revis pri foraj vojaĝoj al nekonataj kaj ekzotikaj landoj kaj neordinaraj travivaĵoj.

— Ĉu hodiaŭ vi violonludis? — demandis Lena.

— Ne — sincere respondis Zahari. — Mi ne havis tempon. Mi iom pli malfrue revenis el la lernejo.

— Kion signifas tio? — demandis severe Lena. — Vi bone scias, ke ĉiutage vi devas violonludi kaj ĉiam trovi tempon por la violonludado.

Zahari ne deziris kontraŭstari al ŝi. Li sciis, ke tamen iam venos la tempo, kiam li ne devas violonludi kaj li dediĉos sin al la foraj vojaĝoj.

Tute alia estis la rialto de la patro, Andrej, al Zahari. Neniam li insistis, ke Zahari violonludu. La patro vidis, ke la librolegado pli allogas Zaharin kaj ofte li aĉetis interesajn librojn. De tempo al tempo la patro diris:

— Ĉiu devas mem diveni al kio havas emon. Iu — al muziko, alia al teatro, tria — al tekniko.

그는 어머니 레나가 자하리는 그렇게 음악을 하고 싶지 않음을 이해하라고 그 사실을 말했다. 하지만 레나는 그것을 듣지 않은 듯했다. 아버지는 계속해서 이야기했다.

"나는 시골에서 태어났어. 내 어머니, 네 할머니는 오직 3년밖에 학교를 다니지 않으셨어. 그래서 거의 글을 몰라. 네 할아버지는 조금 현명했지. 시골에서 초등학교를 마쳤어. 평생 채소를 길러 시장에 내다 팔았어. 내 부모님은 결코 내게 읽고 배우라고 말씀하지 않으셨어. 그들은 내가 배우기를 좋아하는 것을 보고 그것 때문에 기뻐하셨지. 아버지는 내가 고등학교에서 공부하기를 원해 도시로 가서 고등학생이 되도록 돈을 모으셨어.

자주 그는 되풀이했지.

'나는 배울 가능성이 없었어. 그러나 내 아들은 현명한 사람이 되어야 해.'

그래서 온 마음으로 나는 아버지의 꿈을 이루려고 원했지.

고등학교에서 나는 부지런하고 좋은 학생이었지. 고등학교를 마친 뒤 나는 법과대학에서 공부했지. 내가 아빠에게 졸업장을 보여줄 때 그는 세상에서 가장 행복한 사람인 것을 보았어.

Li diris tion, ke Lena, la patrino, komprenu, ke Zahari ne tre inklinas al la muziko, sed Lena ŝajnigis, ke ne aŭdas lin, tamen la patro daŭrigis rakonti:

— Mi naskiĝis en vilaĝana familio. Mia patrino, via avino, nur tri jarojn frekventis lernejon kaj ŝi estis preskaŭ analfabeta. Via avo estis pli klera. Li finis la bazan lernejon en la vilaĝo. Tutan vivon li kultivis legomojn kaj vendis ilin en la bazaro. Miaj gepatroj neniam diris al mi legi kaj lerni. Ili vidis, ke mi estas lernema kaj tio ĝojigis ilin. Mia patro tre deziris, ke mi lernu en la gimnazio[20] kaj li kolektis monon por ke mi iru en la urbon kaj estu gimnaziano. Ofte li ripetis: "Mi ne havis eblecon lerni, sed mia filo devas esti klera[21] persono."

Kaj je la tuta koro mi deziris plenumi la revon de la patro. En la gimnazio mi estis diligenta , bona lernanto kaj post al fino de la gimnazio mi komencis studi en la jura fakultato. Kiam mi montris la diplomon al la paĉjo, mi vidis, ke li estas la plej feliĉa homo en la mondo.

---

20) gimnazi-o 문과 중학교(대학 예비 학교). lice-o 중학교
21) kler-a   교육(敎育)받은, 지식(知識)있는, 교양있는, 학식있는,
    klerigi 계발(啓發)하다, 교화(敎化)시키다, 계몽하다.

그러므로 자하리야. 나는 네게 배워라 라고 말하고 싶지 않아. 네가 그럴 마음이 있다면 너는 배울 것이고 네 꿈을 실현시킬 것을 난 알아."
아버지의 이 말과 그의 행동은 자하리에게 너무 마음에 들었다.
아버지는 정말 그를 이해했다.

Tial, Zahari, mi ne deziras diri la vi:"Lernu. Mi scias, ke se vi havas emon, vi lernos kaj vi realigos viajn revojn."

Tre plaĉis al Zahari tiuj ĉi vortoj de la patro kaj lia konduto. La patro vere komprenis lin.

9장. 페렝크의 방문

게오르고는 학교에서 돌아오면 항상 습관적으로 즉시 컴퓨터를 켰다. 그는 페탸의 편지를 기다렸다. 낮에 학교에서 같이 있지만, 규칙적으로 인터넷으로 편지를 주고받는다. 페탸는 집에서 무슨 일이 일어났고 어떤 책을 읽으며 혹은 어떤 에스페란토 사용자에게 편지를 받았는지 그에게 썼다. 지금의 편지에 페탸는 게오르고에게 그들이 섬으로 갈 때 따라가도 되냐고 물었다.

게오르고는 그녀의 생명을 위험에 도전하고 싶지 않다고 대답했다.

페탸의 편지 다음에 부다페스트 대학에서 헝가리 언어학을 공부하는 대학생이고 자기보다 나이가 많은 에스페란토 사용자 페렝크의 편지를 받았다. 지금 페렝크는 **소피아**로 여행 가서 3일간 거기 머물다가 내일 부르가스에 여행 가니 서로 만나고 싶다고 썼다. 지금껏 게오르고와 페렝크는 서로 보지 않고 오직 인터넷으로 편지만 나눴다.

페렝크는 정확하게 언제 몇 시에 부르가스에 있을 것이라고 써서 게오르고는 즉시 일코 할아버지에게 말했다.

9.

Ĉiam, kiam Georgo revenis el la lernejo, kutimis tuj funkciigi la komputilon. Li atendis leteron de Petja. Tage ili estis kune en la lernejo, sed regule interŝanĝis retleterojn. Petja skribis al li kio okazis hejme, kian libron ŝi legas aŭ de kiuj esperantistoj ŝi ricevis leterojn. En la nuna letero Petja demandis Georgon ĉu ŝi akompanus ilin, kiam ili ekiros al la insulo. Georgo tuj respondis, ke li ne deziras riski ŝian vivon. Post la letero de Petja, li vidis, ke ricevis leteron de Ferenc, la hungara esperantisto, pli aĝa ol li, studento, kiu studas hungaran filologion en Budapeŝta Universitato. Li kaj Georgo regule korespondis.

Nun Ferenc skribis, ke veturis al Sofio, tri tagojn estis tie, morgaŭ veturos al Burgas kaj ŝatus, ke ili renkontiĝu. Ĝis nun Georgo kaj Ferenc ne vidis unu la alian, nur korespondis rete. Ferenc skribis, kiam precize kaj je kioma horo estos en Burgas kaj Georgo tuj diris al avo Ilko.

"할아버지, 헝가리 친구 페렝크에게서 편지를 받았는데 내일 부르가스에 온대요."

"아주 좋아." 할아버지가 말했다.

"그를 마중하러 공항에 차로 가자. 오랫동안 외국 에스페란토 사용자를 손님으로 초대하지 못했어."

온종일 게오르고는 아주 들떠있다. 그는 할아버지와 페탸와 에스페란토를 잘 말하지만 외국사람과 거의 대화를 한 적이 없어 페렝크와 잘 말할 수 있을지 페렝크가 그가 말하고 싶은 것을 모두 이해할지 페렝크가 말한 것을 그가 잘 이해할지 확신이 들지 않았다.

아침 일찍 일코 할아버지와 게오르고는 차를 타고 공항으로 출발했다. 차를 주차장에 남겨두고 기다리는 대합실로 들어갔다.

아직 일러 소피아에서 오는 비행기는 20분 뒤 착륙한다. 두 사람은 의자에 앉아 기다렸다. 시간은 빠르게 지나 소피아 발 비행기가 벌써 착륙했다고 마이크에서 안내방송이 나왔다.

얼마 있다가 도착한 사람들, 남자, 여자, 어린이가 대합실로 들어오기 시작했다. 게오르고는 의자에서 일어나 자세히 여행자들을 살폈다.

그는 페렝크를 금세 알아차리고 싶었다.

— Avo, mi ricevis leteron de mia hungara amiko Ferenc, kiu morgaŭ venos en Burgas.

— Bonege — diris la avo. — Ni iros per la aŭto al la flughaveno por renkonti lin. Delonge ni ne havis eksterlandan gaston esperantiston.

Tutan tagon Georgo estis tre emociita. Li bone parolis Esperanton kun la avo kaj kun Petja, sed kun eksterlandano li preskaŭ ne konversaciis kaj nun ne estis certa ĉu povus bone paroli kun Ferenc, ĉu Ferenc komprenos ĉion, kion li dezirus diri kaj ĉu Georgo komprenos la paroladon de Ferenc.

Frumatene avo Ilko kaj Georgo ekveturis per la aŭto al la flughaveno. La aŭto restis sur la parkejo kaj ili eniris la salonon por la atendado. Estis ankoraŭ frue, la aviadilo de Sofio devis surteriĝi post dudek minutoj. Ambaŭ sidis sur benko kaj atendis. La tempo rapide pasis kaj per la laŭtparolilo oni anoncis, ke la aviadilo de Sofio jam surteriĝis. Ne postlonge la alvenintoj komencis eniri la atendejon: viroj, virinoj, infanoj. Georgo saltis de la benko kaj atente rigardis la veturintojn. Li deziris tuj rimarki Ferenc.

페이스북에 사진이 있어서 게오르고는 쉽게 알아볼 수 있다고 확신했다.

갑자기 사람들 틈에서 잠바 접는 부분에 푸른 별을 단 청년을 보고 그에게 말을 걸었다.

"페렝크 형인가요?"

"게오르고구나." 그들은 서로 인사했다.

"잘 여행 했나요?" 게오르고가 물었다.

"아주 잘." 페렝크가 대답했다.

"바다가 있는 부르가스에 와서 기뻐. 오랫동안 나는 바다 보기를 꿈꾸었거든. 알다시피 헝가리는 **빌라토노**라는 큰 호수만 있어."

"곧 바다를 볼 거예요." 게오르고가 말했다.

"지금 우리는 바다를 지나 가요. 내일은 해안에서 산책할 거고요. 몇 군데 멋진 해안도시를 방문할 거예요."

페렝크는 게오르고보다 키가 크고 무성한 머리카락, 따뜻하게 보이는 갈색 눈을 가졌다. 그의 착한 웃음이 마치 그의 얼굴을 빛나게 했다.

"편지 중 어느 곳에서 우리 할아버지가 에스페란토 사용자라고 썼지요. 할아버지랑 에스페란토로 말할 수 있어요." 게오르고는 설명하고 페렝크에게 일코 할아버지를 소개했다.

En Fejsbuko estis lia foto kaj Georgo certis, ke facile rekonos lin. Subite inter la homoj Georgo vidis junulon kun verda stelo sur la refaldo de la jako kaj ekrapidis al li.

— Ferenc.

— Georgo.

Ili salutis unu la alian.

— Ĉu vi bone veturis? — demandis Georgo.

— Bonege — respondis Ferenc. — Mi ĝojas, ke mi jam estas en Burgas, ĉe la maro! Delonge mi revis vidi la maron. Vi scias, ke en Hungario estas nur granda lago, Balatono.

— Tuj ni vidos la maron — diris Georgo. — Nun ni veturos preter la maro kaj morgaŭ ni promenos sur la mara bordo. Ni vizitos kelkajn pitoreskajn marajn urbojn.

Ferenc estis pli alta ol Georgo kun densa hararo kaj brunaj okuloj, kiuj eligis varmecon. Lia bonkora rideto kvazaŭ lumigis lian vizaĝon.

— En iu el la leteroj mi skribis al vi, ke mia avo estas esperantisto kaj vi povas paroli kun li Esperante — klarigis Georgo kaj prezentis al Ferenc avon Ilko.

할아버지는 손님을 환영하고 셋이 차로 출발했다. 공항에서 도시로 가는 길은 해안가를 지나쳤고 페렝크는 크게 눈을 뜨고 바다를 쳐다보았다.

"정말 예쁘구나." 그는 놀랐다.

"정말 나는 행복해요."

"지금 우리는 작은 마을 마리노로 갑니다." 게오르고가 설명했다.

"하지만 중요한 항구가 있고 가장 큰 불가리아의 도시 부르가스를 지나갈 겁니다.

여기에 전세계에서 배가 다 들어와요.

도시에 많은 회사가 있지만, 그곳은 문화적인 행사, 국제 축제, 음악회, 예술전시회로 더 유명해요. 도시에 유명 오페라 가수, 예술가, 화가가 살아요." 40분 걸려 마리노에 도착했다.

게오르고는 페렝크에게 준비한 방을 보여 주고 조금 쉬라가 말했다. 페렝크는 게오르고에게 에스페란토 책 **페렝크 스젬러**가 쓴 『**삼봉산**』을 선물했다. "이 책이 마음에 들거야." 그가 말했다. "그 내용이 매력적이야."

"고마워요." 게오르고가 대답했다. "우리나라에서 에스페란토 책을 사기가 어려워요." 게오르고와 페렝크는 도시로 산책하러 나갔다.

La avo bonvenigis la gaston kaj la triopo ekiris al la aŭto. La vojo de la flughaveno al la urbo pasis preter la mara bordo kaj Ferenc kun larĝe malfermitaj okuloj rigardis la maron.

— Kia beleco! – miris li. – Vere mi estas feliĉa.

— Nun ni iros en nian urbeton Marino – klarigis Georgo, – sed ni veturos tra Burgas, unu el la plej grandaj bulgaraj urboj kun grava haveno. Ĉi tien venas ŝipoj el la tuta mondo. En la urbo estas multaj entreprenoj, sed ĝi pli famas kun la kulturaj eventoj, internaciaj festivaloj, koncertoj, artekspozicioj. En la urbo loĝas famaj operkantistoj, artistoj, pentristoj.

Post kvardek minutoj ili estis en Marino. Georgo montris al Ferenc la ĉambron, kiun oni preparis por li kaj proponis al Ferenc iom ripozi.

Ferenc donacis al Georgo Esperantan libron "La triĝiba monto" de Ferenc Szemler.

— Tiu ĉi libro plaĉos al vi – diris li. – Ĝia enhavo estas alloga.

— Dankon – respondis Georgo. – En nia lando oni malfacile povas aĉeti Esperantajn librojn.

Ferenc kaj Georgo ekiris promeni en la urbon.

처음에 게오르고는 도시의 역사박물관이 조그맣게 있는 문화원으로 그를 안내했다.

게오르고는 페렝크에게 여기 바닷가에 수백 년 전에 들판이 넓게 퍼졌다고 이야기했다. 1903년 **동 트라키아**, 지금은 터키 땅에 반란이 일어났다.

불가리아 사람들은 불가리아 나라를 거기에 세우고 싶었다.

반란은 실패하고 많은 불가리아 사람들은 불가리아로 도망쳤다.

도망자들에게 불가리아 나라에서는 바닷가 이 땅을 거주지로 줬다. 그들은 집을 짓고 그래서 마리노라는 도시가 생겨났다.

그의 조상은 아주 젊었을 때 반란자 중 하나였고 마찬가지로 반란의 실패 후 여기로 왔다고 게오르고가 덧붙였다.

박물관 진열장에는 반란군 무기, 옷, 가정의 다양한 물건, 수년 전에 마리노가 어떻게 생겼는지 보여 주는 많은 사진이 있었다. 당시 그곳은 작은 어촌이었다. 사람들은 물고기를 잡고 들판에서 일하고 밀과 채소, 과일을 길러 생계를 유지했다. 조금씩 마을은 커져서 새로운 거주자가 들어오고 큰 건물이 세워졌다.

Unue Georgo gvidis lin en la kultura domo, kie estis malgranda muzeo pri la historio de la urbo. Georgo rakontis al Ferenc, ke ĉi tie, ĉe la mara bordo, antaŭ pli ol jarcento vastiĝis kampoj. En 1903 en Orienta Trakio, kiu estis kaj estas en Turkio, eksplodis ribelo. La bulgaroj tie deziris aparteni al bulgara ŝtato. La ribelo tamen fiaskis kaj multaj bulgaroj fuĝis al Bulgario. Al la fuĝintoj la bulgara ŝtato donis grundojn ĉi tie, ĉe la maro. Ili konstruis domojn kaj tiel ekestis la urbo, Marino. Georgo aldonis, ke lia praavo, tiam tre juna, estis unu el la ribelantoj, kiu same post la frakaso de la ribelo venis ĉi tien.

En la vitrinoj de la muzeo estis armiloj de la ribeluloj, vestoj, diversaj hejmaj aĵoj kaj multaj fotoj, kiuj montris kiel aspektis Marino antaŭ jaroj. Tiam ĝi estis malgranda fiŝkaptista vilaĝo. Oni vivtenis sin de la fiŝkaptado kaj de la kampara laboro, kultivis tritikon, legomojn, fruktojn. Iom post iom la vilaĝo grandiĝis, venis novaj loĝantoj, estis konstruitaj pli grandaj domoj.

작은 도시가 황금 모래사장이 있는 아주 멋진 해만(海灣)에 위치한 사실 때문에 여름에 휴양객들이 오기 시작했다.

그들은 집에서 방을 빌리고 그렇게 해서 마리노는 점점 더 유명해졌다.

도시의 거주자들을 훨씬 많은 일자리를 얻을 수 있는 부르가스에서 일하기 시작했다.

"매년 여름 여기에 많은 외국인들이 와요. 독일인, 폴란드인, 헝가리인, 러시아인.

흑해 해안가와 우리 도시를 마음에 들어해요.

차분하고 조용하니까요." 게오르고가 말했다.

친구들은 모래사장으로 산책하고 해안가에 서서 오랫동안 바다를 바라보았다. 모래사장 오른쪽에는 숲이 있고, 왼쪽에는 몇 채의 큰 배가 있는 항구 부르가스의 하얀 건축물과 저기 멀리 이웃도시 **포모리에**가 보인다.

"내일 할아버지 차로 **네세바즈**라는 도시에 소풍가요." 게오르고가 말했다.

"그곳은 남쪽 바닷가에 있는 가장 예쁜 도시 중 하나에요. 오래된 집, 교회, 박물관이 있고 아주 낭만적이에요."

Pro la fakto, ke la urbeto situas ĉe belega mara golfo kun orsabla plaĝo, somere komencis veni ripozantoj. Ili luis ĉambrojn en la domoj kaj tiel Marino iom post iom iĝis pli fama kaj pli fama.

La loĝantoj de la urbo komencis labori en Burgas, kie estis pli multaj laboreblecoj.

— Ĉiusomere ĉi tien venas same multaj fremdlandanoj: germanoj, poloj, hungaroj, rusoj. Al ili plaĉas la nigramara bordo kaj nia urbeto, ĉar ĝi estas kvieta kaj silenta – diris Georgo.

La amikoj promenis al la plaĝo, staris ĉe la bordo kaj longe rigardis la maron. Dekstre de la plaĝo estis la arbaro kaj maldekstre videblis la altaj blankaj konstruaĵoj de Burgas, la haveno kun kelkaj grandaj ŝipoj kaj tie, fore, la najbara urbo Pomorie.

— Morgaŭ per la aŭto de la avo ni ekskursos al urbo Nesebar – diris Georgo. – Ĝi estas unu el la plej belaj urboj sur la suda marbordo kun malnovaj domoj, preĝejoj, muzeoj, ege romantika.

게오르고는 페렝크에게 불가리아 문화적 전통을 이야기했다.

'에스페란토는 유용하다.' 그는 생각했다.

나는 페렝크가 말한 모든 것을 잘 이해한다. 그도 또한 내 말을 이해한다.

우리는 서로 처음 봤지만 수년 전부터 아는 그런 느낌을 받았다. 우리는 여러 주제에 관해 대화하고 마치 말없이도 서로 이해하는 듯했다. 신비롭다! 우리는 다양한 나라에서 살고 다양한 말을 하지만 오래된 친구처럼 지낸다.

페렝크는 게오르고에게 오래전부터 에스페란토를 가르치는 부다페스트 대학에서 공부하면서 에스페란토를 배웠다고 이야기했다. 많은 대학생들이 그 언어를 배웠고 헝가리에는 아주 많이 청년 에스페란토 운동이 조직되었다. 청년들과 대학생 에스페란토 사용자들이 에스페란토 대회, 세미나, 만남을 조직했다.

그들은 자주 외국으로 여행가고 다른 나라 청년과 대학생을 만난다.

"청년들에게 에스페란토는 완벽해. 그들에게 여행하고 친구를 찾고 잊을 수 없는 순간을 경험하도록 가능성을 주거든."

Georgo rakontis al Ferenc pri la bulgaraj kultraj tradicioj. "Unika estas Esperanto – meditis li. – Mi bonege komprenas ĉion, kion Ferenc diras kaj li same komprenas min. Unuan fojon ni vidis unu la alian kaj mi havas la senton, ke mi jam de jaroj konas lin. Ni konversacias pri diversaj temoj kaj kvazaŭ ni interkompreniĝas eĉ sen vortoj. Mirakle! Ni loĝas en diversaj landoj, parolas diversajn lingvojn, sed ni estas kiel malnovaj amikoj."

Ferenc rakontis al Georgo, ke li eklernis Esperanton, kiam komencis studi en Budapeŝta Universitato, kie Esperanto estas delonge instruata. Multaj studentoj lernas la lingvon kaj en Hungario estas tre bone organizita junulara Esperanto-movado. La gejunuloj kaj la studentoj esperantistoj organizas Espernato-konferencojn, seminariojn, renkontiĝojn. Ili ofte veturas eksterlanden kaj renkontiĝas kun aliaj junuloj kaj studentoj.

– Por la gejunuloj Esperanto estas perfekta, donas al ili eblecon vojaĝi, trovi amikojn, travivi neforgeseblajn momentojn.

게오르고는 그의 이야기를 듣고 그와 페탸가 대학생일 때 마찬가지로 청년 에스페란토 활동에 참여하고 여러 나라의 많은 청년들과 함께 할 것을 꿈꿨다.

다음날 아침 일코 할아버지, 게오르고, 페렝크는 해안가 도로를 타고 네세바즈 도시로 출발했다.

5월의 낮은 해가 비추어 따뜻했다.

차는 마치 미끄러지듯 나아갔다.

페렝크는 일코 할아버지 옆에 앉아 차창으로 밖을 보았다. 그들 뒤에 게오르고가 앉았다.

차도 오른쪽에는 바닷가, 모래가 보인다.

왼쪽에는 끝없는 들판이 넓게 퍼져있고 여기저기 외로운 나무가 서 있다.

멀리 언덕의 그림자는 파랗다.

'불가리아는 얼마나 얼마나 아름다운 나라인지.' 페렝크는 깊이 생각했다. 높은 산, 벌판, 골짜기, 강, 호수, 바다, 다뉴브강조차 거기에 있다. 그렇게 풍요로운 자연을 다른 어디에서도 볼 수 없다. 바다 가까이 해안에서는 호텔이 있는데 현대식 건물로 그렇게 높지 않다.

여기 바닷가에서 10일이나 15일 지내는 것은 유쾌하다. 조용함과 평화로움이 가득찬다.

Georgo aŭskultis lin kaj revis, ke kiam li kaj Petja estos studentoj, ili same partoprenos en junularaj Esperanto-aranĝoj kaj estos kun multaj gejunuloj el diversaj landoj.

La sekvan matenon avo Ilko, Georgo kaj Ferenc ekveturis al Nesebar sur la aŭtovojo, kiu pasis preter la mara bordo. La maja tago estis suna kaj varmeta. La aŭto kvazaŭ glitiĝis. Ferenc sidis ĉe avo Ilko kaj rigardis tra la fenestreto. Malantaŭ ili sidis Georgo. Dekstre de la ŝoseo videblis la strandoj, la sablo. Maldekstre vastiĝis senlima kampo kun ie-tie solecaj arboj. Fore bluis la siluetoj de montetoj. "Kia pitoreska lando estas Bulgario, meditis Ferenc. Altaj montoj, kampoj, valoj, riveroj, lagoj, maro. Eĉ Danubo estas en ĝi." Tian riĉan naturon li nenie alie vidis. Sur la bordo, proksime al la maro estis hoteloj, ne tre altaj kun moderna arkitekturo.

"Agrable estas pasigi ĉi tie, ĉe la maro, dek aŭ dekkvin tagojn. Regas silento kaj trankvilo.

이른 아침 모래사장을 산책하고 부드러운 파도의 철썩이는 소리를 듣고, 일출, 그것은 마치 동쪽으로부터 파도에서 헤엄쳐 나온듯한 크고 붉은 해가 나타남을 본다.

바다 위에서 둥글게 돌다가 갑자기 파도를 향해 깊숙이 들어가는 갈매기의 민첩한 활공(滑空)을 본다.

부드러운 투명천 같은 구름 없는 하늘, 다시 번개처럼 뛰어오르는 일상의 일들이 오늘 우리 주변의 아름다움을 알아차리지 못하게 한다.

매일 아침 대학교, 일터, 사무실로 서두르다보니 일출도, 하늘도 보지 못하고 아침의 조용함과 평화로움도 알아차리지 못한다.

바닷가에서 자연의 장엄함을 느끼기 위해 일어서고, 우리가 영원히 아름다운 자연의 자손임을 기억하는 것은 좋다.

"페렝크 형!" 게오르고가 말했다.

"우리는 먼저 작은 도시 포모리에로 가요. 그리고 나중에 네세바즈로 계속해서 가요."

몇 km 가서 차는 포모리에에 진입했다.

차도 양옆에는 다시 새로운 호텔이 들어섰다.

일코 할아버지가 차를 세우고 말했다.

Frumatene promenadi sur la plaĝo, aŭskulti la karesan plaŭdon de la ondoj, rigardi la sunleviĝon, la aperon de la granda ruĝa sundisko, kiu kvazaŭ elnaĝas el la ondoj oriente. Rigardi la facilmovan flugadon de la mevoj, kiuj rondflugas super la maro, subite direktiĝas al la ondoj, kvazaŭ profundiĝas, sed post sekundo denove fulme leviĝas al la sennuba ĉielo, simila al mola travidebla tuko. La ĉiutagaj okupoj malhelpas nin rimarki la belecon ĉirkaŭ ni. Rapidante ĉiumatene al universitatoj, laborejoj, oficejoj ni ne vidas la sunleviĝon, la ĉielon, ne rimarkas la matenan silenton kaj trankvilon. Estus bone ekstari sur la mara bordo por eksenti la majeston de la naturo kaj rememori, ke ni estas idoj de tiu ĉi eterna belega naturo."

— Ferenc – diris Georgo, - ni unue estos en la eta urbo Pomorie kaj poste ni daŭrigos al urbo Nesebar.

Post kelkaj kilometroj la aŭto eniris en Pomorie. Je la du flankoj de la ŝoseo denove aperis novaj hoteloj. Avo Ilko haltis la aŭton kaj diris:

"소년들이여, 여기에 아주 유명한 수도원이 있어. 그것을 구경하자."

셋은 차에서 내려 좁은 길을 들어섰다.

500m 가서 커다란 나무 문이 있는 높은 돌 울타리 앞에 섰다. "여기가 **성 게오르고** 수도원이야." 나무로 된 대형문 옆에 다른 더 작은 출입문이 있다. 일코 할아버지는 그것을 열고 그들은 수도원 마당으로 들어갔다.

페렝크는 그 안으로 들어가면서 마치 놀라운 세상에 있는 듯했다. 마당 가운데에 꽃밭이 있고 작은 불꽃 같은 5월의 장미가 있으며 향기로운 냄새가 났다. 그들의 푸른 작은 잎에는 아침 이슬방울이 빛났다.

꽃밭 주변에 오래된 나무 테라스가 있으며 수도사의 작은 방을 갖춘 2층짜리 수도원건물이 있다. 정원 가까이에 돌 우물이 보였다.

"이 우물물은 건강에 좋단다." 일코 할아버지가 말했다.

"성당 역사는 매우 흥미롭고 특별해." 그리고 그는 그것을 이야기했다.

"언젠가 아주 오래전에 이 지역에 부자 터키 사람이 가족과 살았어. 그의 이름은 **세림**이었지.

— Knaboj, ĉi tie troviĝas tre fama monaĥejo. Ni trarigardos ĝin.

La triopo eliris el la aŭto kaj ekiris sur mallarĝa vojo. Post kvincent metroj ili ekstaris antaŭ alta ŝtona barilo kun granda ligna pordo.

— Jen la monaĥejo "Sankta Georgo".

Ĉe la masiva ligna pordo estis alia, pli malgranda. Avo Ilko malfermis ĝin kaj ili eniris la monaĥejan korton. Kiam Ferenc enpaŝis ĝin, li kvazaŭ vidis sin en mirinda mondo. En la mezo de la korto estis florĝardeno, en kiu la majaj rozoj similis al flametoj, agrable odorantaj. Sur iliaj verdaj folietoj brilis la gutoj de la matena roso. Ĉirkaŭ la florĝardeno estis la monaĥeja konstruaĵo, malnova, duetaĝa kun ligna teraso kaj la ĉeloj de la monaĥoj. Proksime al ĝardeno videblis ŝtona puto.

— La akvo de tiu ĉi puto estas saniga – diris avo Ilko. – Tre interesa kaj neordinara estas la historio de la monaĥejo – kaj li komencis rakonti ĝin.

Iam ege delonge en tiu ĉi regiono ekloĝis riĉa turko kun sia granda familio. Lia nomo estis Selim.

세림은 넓은 땅을 가졌지만 고칠 수 없는 병 때문에 고통스러웠어.

어느 밤 그의 종 **네노** 할아버지가 꿈에 마당에서 기적의 물이 나오는 샘을 보았어. 네노 할아버지는 꿈을 잊어버렸는데 며칠 뒤 밤에 자면서 하얀 말을 탄 멋진 청년 성 게오르고를 보았어. 네노 할아버지는 이것을 세림에게 이야기했어. 터키 사람은 정말 인상적으로 듣고 며칠간 네노 할아버지의 이상한 꿈을 깊이 생각했어.

마침내 그는 종들에게 네노 할아버지가 가르킨 마당의 장소를 파라고 명령했어. 그랬더니 놀랍게도 거기서 물이 나오기 시작했어.

네노 할아버지는 물이 요술 걸렸다고 말해 세림은 가까운 작은 마을에 사는 교회 신부를 불러 그가 샘에 복을 빌었어. 이 물을 마신 모든 사람들은 그들이 병자라면 건강해졌어. 세림도 마찬가지로 기적의 물을 마시고 그 덕분에 건강해졌지.

그는 그런 기적이 일어날 수 있다고 짐작조차 하지 못했어. 그때 세림은 기독교인이 되기로 마음 먹었어. 그의 모두 가족들도 똑같이 기독교인이 되었지. 세림은 우물을 만들고 샘 옆에 기독교 예배당을 지었어.

Vastan bienon havis Selim, sed li suferis pro nekuracebla malsano. Iun nokton lia servisto, avo Neno, sonĝis, ke en la korto de la bieno aperis fonto kun sorĉa akvo.

Avo Neno forgesis la songôn, sed post kelkaj tagoj, dormante nokte, li vidis belan junulon, kiu rajdis blankan ĉevalon – Sankta Georgo. Avo Neno rakontis tion al Selim. La turko restis vere impresita kaj kelkajn tagojn meditis pri la neordinara sonĝo de avo Neno. Fin-fine li ordonis al siaj servistoj fosi tien en la korto, kie montris avo Neno kaj mirakle sur tiu ĉi loko komencis aperi akvo.

Avo Neno diris, ke la akvo estas sorĉa, tiam Selim vokis la kristanan episkopon, kiu loĝis en la proksima urbeto, kaj li benis la fonton. Ĉiuj, kiuj trinkis tiun ĉi akvon, se ili estis malsanaj, resniĝis.

Selim same trinkis la sorĉan akvon kaj dank' al ĝi li ankaŭ resaniĝis. Li eĉ ne supozis, ke povas okazi tia miraklo. Tiam Selim decidis iĝi kristano. Ĉiuj liaj familanoj same iĝis kristanoj. Selim faris puton, kaj ĉe la fonto konstruis kristanan kapelon.

그렇게 해서 성 게오르고 수도원이 생겼지. 수도원에 세림은 그의 모든 땅을 기부했어." 페렝크는 일코 할아버지 이야기를 주의해서 듣고 욕심 없는 터키 사람 세림의 마음씨 좋은 눈을 마치 자기 눈 앞에서 보는 듯했다.

수도원 기도실에서 일코 할아버지는 밀납 초를 사서 불을 피우고 성모상 앞에 선 뒤 십자가를 긋고 초를 두었다. 옛날 신상을 가진 오래된 기도실은 마치 조용하게 먼 과거와 신앙심깊은 사람의 믿음을 이야기한다.

그들은 수도원에서 나와 네세바즈라는 도시로 갔다. 몇 킬로 지나 그림 같은 반도(半島)가 나타나고 그 위에 집들이 로마 원형경기장처럼 차례를 지어 서 있다.

"네세바즈는 가장 오래된 불가리아 도시중 하나예요." 게오르고가 말했다.

어제 그는 페렝크에게 이야기하려고 도시 역사를 읽었다. "고대도시는 **메세브리아**라고 불러요." 게오르고가 말을 시작했다.

"BC 620년에 트라키아 출신의 유명 우화작가 이솝이 여기서 태어났어요. 6세기 말에는 고대 그리스인이 살기 시작했구요.

Tiel aperis la monaĥejo "Sankta Georgo". Al la monaĥejo Selim donacis sian tutan bienon.

Ferenc atente aŭskultis la rakonton de avo Ilko kaj kvazaŭ vidis antaŭ si la bonanimajn okulojn de la malavara turko Selim.

En la preĝejo de la monaĥejo avo Ilko aĉetis vakskandelojn, ekbruligis ilin, ekstaris antaŭ la ikono de Dipatrino, krucsignis kaj metis la kandelojn. La malnova preĝejo kun la belaj ikonoj kvazaŭ kviete rakontis pri la fora pasinteco kaj la forta homa kredo.

Ili eliris el la monaĥejo kaj ekveturis al urbo Nesbar. Post kelkaj kilometroj antaŭ ili aperis la pitoreska duoninsulo, sur kiu amfiteatre viciĝis la domoj.

— Nesebar estas unu el la plej malnovaj bulgaraj urboj - diris Georgo.

Hieraŭ li legis pri la historio de la urbo por rakonti ĝin al Ferenc.

— La antikva urbo nomiĝis Mesembria - komencis Georgo - kaj en 620, antaŭ Kristo, ĉi tie naskiĝis Ezopo, la fama aŭtoro de fabloj, kiu estis tracdevena. Je la fino de la sesa jarcento tie ekloĝis antikvaj grekoj.

그들이 사원, 학교, 극장을 건설했어요."

일코 할아버지와 소년들은 오래된 도시의 돌로 된 작은 거리 위에서 정말 수백년의 역사를 가지고 많은 행사의 증인인 집 사이로 걸어갔다.

집 옆으로는 작은 카페, 식당, 가게가 줄지어 있다. 바다와 생선 냄새가 났다.

"당시 도시에는 여러 다양한 작업장이 있고 거기서 사람들은 주로 금속을 다루고 흑해, 에게해, 지중해 주변 도시에 내다 팔았어요." 게오르고가 이야기했다.

"그러나 BC 72년 로마 사람이 도시를 정복해 로마제국의 일부가 되었어요.

콘스탄티노플이 로마제국의 수도일 때 네세바즈 주민은 많은 기독교 성당을 지었어요."

페렝크는 지금조차 여기에 아주 많은 성당이 있어 놀랐다.

그들은 성당에 들어가서 살피고, 건축, 장엄한 신상 그림, 마술 같은 분위기에 놀랐다.

촛불의 빛은 마치 오래전부터 영혼으로 지나가는 셀 수 없는 사람의 영혼의 불같다.

Ili konstruis templojn, lernejon, teatron.

Avo Ilko kaj la knaboj ekiris sur la malgrandaj ŝtonaj stratoj de la malnova urbo, inter domoj, kiuj verŝajne havis jarcentan historion kaj estis atestantoj de multaj eventoj. Ĉe la domoj viciĝis etaj kafeoj, restoracioj, vendejoj. Odoris je maro kaj fiŝoj.

— Tiam en la urbo estis pluraj diversaj metiejoj, en kiuj oni prilaboris ĉefe metalojn kaj komercis kun la urboj ĉe Nigra Maro, Eegea Maro, Mediteranea Maro — rakontis Georgo, — sed en 72, antaŭ Kristo, la urbon konkeris romianoj kaj ĝi iĝis parto de Roma Imperio. Kiam Konstantinopolo iĝis ĉefurbo de Roma Imperio, la loĝantoj de Nesebar komencis konstrui multajn kristanajn preĝejojn.

Ferenc miris, ke eĉ nun ĉi tie estas tre multaj preĝejoj. Ili eniris, trarigardis ilin kaj miris la arkitekturon, la majstran pentradon de la ikonoj, la sorĉan atmosferon. La lumo de la kandeloj kvazaŭ estis la lumo de la sennombraj homaj animoj, kiuj delonge jam trairis al la eterneco.

"812 년에 불가리아 크룸 왕이 네세바즈를 정복했어요." 게오르고가 설명했다. "60년 동안 불가리아 땅이었죠. 1366년 **아메데오 디 사보야** 백작이 이곳을 점령했어요. 1453년에는 터키 사람이 네세바즈를 공격했죠. 터키 지배에서 해방된 뒤 조금씩 네세바즈는 가장 흑해 주변에서 가장 예쁜 해안도시중 하나가 되었지요."

점심 때가 되어 세 사람은 점심 먹으러 식당에 갔다. 식당 **마라 파라디조**는 언덕 위에 있었다. 돌계단으로 이어져 있다. 거기서 바다 생선을 준비해 제공한다. 일코 할아버지는 테라스에 앉자고 제안했다. 거기서 예쁘고 끝없고 매력적이고 사파이어처럼 파란 바다가 보였다. 부두에는 어부들의 보트가 있고 조금 한 편에 항구가 있으며 거기에 방금 도착한 유람선이 보이고 거기서 도시를 구경하러 온 대규모 외국인 단체가 내렸다. 몇몇 소년들은 부두에 앉아 낚시를 했다. 그들의 하얀 모자는 새의 날개 같다. 고기는 꽤 맛있었다. 그들은 오랫동안 앉아서 경치를 즐기며 수다를 떨었다. 페렝크가 일코 할아버지에게 물었다.

"블라네노브 선생님, 언제 에스페란토를 배우기 시작했나요?"

— En 812 la bulgara ĥano Krum konkeris Nesebar — klarigis Georgo. — Dum sesdek du jaroj ĝi estis bulgara. En 1366 grafo Amedeo di Savoja konkeris ĝin. En 1453 la turkoj invadis Nesebar. Post la liberiĝo de la turka regado iom post iom Nesebar iĝis unu el la plej belaj nigramaraj urboj.

Estis tagmezo kaj la triopo ekiris al restoracio por tagmanĝi. La restoracio "Mara Paradizo" troviĝis sur monteto kaj al ĝi gvidis ŝtona ŝtuparo. Tie oni pretigis kaj servis marajn fiŝojn. Avo Ilko proponis, ke ili sidiĝu sur la teraso, de kie videblis la maro, bela, senfina, alloga, blua kiel safiro. Sur la kajo estis fiŝkaptistaj boatoj, iom flanke de la kajo – la haveno kaj tie videblis turista ŝipo, kiu eble ĵus alvenis kaj el ĝi eliris granda grupo da fremdlandanoj, kiuj venis trarigardi la urbon. Kelkaj knaboj sidis sur la kajo kaj fiŝkaptadis. Iliaj blankaj ĉapeloj similis al birdaj flugiloj.

La fiŝo estis tre bongusta. Ili longe sidis, ĝuis la pejzaĝon, babilis. Ferenc demandis avon Ilko:

— Sinjoro Mladenov, kiam vi komencis lerni Esperanton?

일코 할아버지가 살짝 웃었다.

"아주 오래되었어.

내가 부르가스에서 고등학교 다닐 때 자주 고등학교에서 가까운 작은 서점에 방문했지.

판매원 **필립** 아저씨는 아주 상냥하고 매우 친절한 사람으로 항상 내게 가장 최신 책을 보여 줘.

한번은 그가 서점에 에스페란토 책이 배달 왔다고 말했지.

나는 그를 잘 이해하지 못하고 에스페란토가 무엇이냐고 물었어.

그 당시 필립 아저씨는 에스페란토는 국제어라고 말했지. 그것이 내 호기심을 불러일으켜 나는 바로 그 학습서를 샀지.

저녁에 집에 들어와서 그것을 읽었어.

새책이 내게 너무 마음에 들어 밤새도록 잠을 자지 않았고 가장 흥미로운 읽을거리를 찾은거야, 그렇게 해서 나는 에스페란토 사용자가 되었지.

필립 아저씨도 마찬가지로 에스페란토 사용자가 되고 나를 도시 에스페란토 소그룹에 초대했어.

금세 나는 그 언어를 배우고 부르가스에서 가장 활동적인 에스페란토 사용자 중 한 명이 되었지.

그 당시 나는 아직 고등학생이었어."

Avo Iliko ekridetis.

— Estis tre delonge.[22] Tiam mi frekventis gimnazion en urbo Burgas kaj mi kutimis viziti malgrandan librovendejon, proksime al la gimnazio. La vendisto, oĉjo Filip, estis tre simpatia kaj tre kara viro, kiu ĉiam montris al mi la plej novajn librojn. Foje li diris, ke oni liveris en la librovendejon Esperantan lernolibron. Mi ne tre bone komprenis lin kaj demandis kio estas Esperanto. Tiam oĉjo Filip diris, ke Esperanto estas internacia lingvo. Tio vekis mian scivolon kaj tuj mi aĉetis la lernolibron. Vespere, kiam mi revenis hejmen, mi komencis legi ĝin. La nova lingvo tiel allogis min, ke la tutan nokton mi ne ekdormis, mi trovis la plej interesan legaĵon por mi. Tiel mi iĝis esperantisto. Okazis, ke oĉjo Filip same estis esperantisto kaj li invitis min en la urba Esperanto-societo. Baldaŭ mi ellernis la lingvon kaj iĝis unu el la aktivaj esperantistoj en Burgas. Tiam mi ankoraŭ estis gimnaziano.

---

22) long-a   (길이,거리,시간 따위가) 긴, 장기(長期)의, 장구(長久)한, 장시(長時)의, 오랜. longo 길이(長度). longeco 길이; 기간(其間). longe, longatempe 장구히, 오랜시간에. longe luda <樂> L.P. 의. antaŭlonge 오래전에. antaŭ nelonge 얼마전에. jam delonge 벌써오래, 오래전부터.

페렝크는 커다란 관심을 가지고 일코 할아버지 이야기를 들었다.

나중에 그의 가족에 대해 말했는데, 아버지는 초콜릿 공장에서 일하고 어머니는 대형 백화점 판매원이라고 했다.

"내 동생 임례는 나보다 어려 고등학생이야." 페렝크가 말했다.

"부다페스트 근처에 우리는 작은 여름별장이 있는데 거기서 주말을 보내요.

아버지는 정원 관련 책을 아주 좋아해요.

그는 약간의 채소와 과일을 길러요.

정원에는 사과, 배, 복숭아 나무와 꽃들이 있어요.

어머니도 꽃을 가꿔요.

어머니 화단은 아주 풍요로워요." 페렝크가 마치 다시 부모의 정원을 본 것처럼 살짝 웃었다.

오후에 세 사람은 마리노로 출발했다.

다음 날 아침에 페렝크는 비행기로 소피아로 가서 거기서 부다페스트로 날아가야 했다.

Ferenc aŭskultis avon Ilkon kun granda intereso kaj poste li rakontis pri sia familio, diris, ke lia patro labords en ĉokoladfabriko, la patrino estas vendistino en granda vendejo.

— Mia frato Imre estas pli juna ol mi gimnaziano — diris Ferenc. — Proksime al Budapeŝto ni havas malgrandan someran dometon, kie ni pasigas la sabatojn kaj dimanĉojn. Mia patro tre ŝatas la ĝardenan laboron. Li kultivas iom da legomoj kaj fruktoj. En la ĝardeno estas pomarbo, pirarbo, persikarbo kaj floroj. Pri la floroj okupiĝas mia patrino. Tre riĉa estas ŝia florĝardeno — ekridetis Feranc, kvazaŭ li denove vidis la ĝardenon de siaj gepatroj.

Posttagmeze la triopo ekveturis al Marino. La sekvan tagon matene Ferenc devis flugi aviadile al sofio kaj de tie al Budapeŝto.

10장. 니코 이야기

니코와 베라는 무도장에서 나왔다. 5월의 저녁은 시원했다. 위로 하늘에는 어린이의 작은 눈 같은 무수한 별들이 반짝인다.

"별이 정말로 많구나." 베라가 놀랐다.

상쾌한 바람이 희미하게 불어왔다. 거리에 사람은 없고 두 사람은 베라의 집으로 천천히 걸어갔다. 오늘 오후 베라는 니코에게 전화해서 저녁에 무도장에 같이 가자고 제안했다.

니코가 동의해서 두 사람은 문화원에 있는 무도장에서 몇 시간 보냈다. 강한 음악이 니코를 성가시게 해서 지금 그는 귀가 먼 듯했다. 베라는 몰래 니코를 좋아한다. 여러 번 낮에 전화했고 휴대폰 메시지를 써 보냈고 함께 산책 가자고 했지만 니코는 자주 그 초대를 피했다. 그는 페탸를 좋아해서 그녀와 함께 있고 싶다.

그러나 페탸는 게오르고의 친구다.

베라는 마찬가지로 상냥한 여자아이지만 니코에게는 페탸가 훨씬 매력적이다. 지금 그는 베라를 그녀 집으로 배웅하면서 말했다.

"안녕히 잘 가." 그리고 집으로 돌아왔다.

10.

Niko kaj Vera eliris el la dancejo. La maja vespero estis friska. Supre, sur la ĉielo, brilis sennombraj steloj, simila al infanaj okuletoj.

— Kiel multe da steloj! – miris Vera.

Blovetis agrabla vento. La strataj estis senhomaj kaj ambaŭ malrapide paŝis al la domo de Vera.

Hodiaŭ posttagmeze Vera telefonis al Niko kaj proponis al li iri vespere kune en la dancejon. Niko konsentis kaj ili pasigis kelkajn horojn en la dancejo, kiu troviĝis en la Kulturdomo. La forta muziko tamen ĝenis Nikon kaj nun li estis kiel surda.

Vera kaŝe amis Nikon, plurfoje tage telefonis al li, skribis telefonmesaĝojn, deziris, ke ili kune promenadu, sed Niko ofte evitis ŝiajn invitojn. Li amis Petjan kaj ŝatis esti kun ŝi, sed Petja estis amikino de Georgo. Vera same estis simpatia knabino, tamen Petja pli forte allogis Nikon.

Nun li akompanis Vera al ŝia domo, diris "ĝis reveido" kaj ekiris hejmen.

그는 바다에서 먼 다른 도시지역에 산다. 훨씬 더 많이 걸어가야 한다. 니코는 시내 중심가를 가로질러 언덕의 경사지로 올라갔다. 그의 집은 흑해 거리의 맨 끝에 있고 넓지 않은 마당을 가진 1층짜리 작은 집이다. 니코는 초라한 집 때문에 부끄러워한다. 그의 동료 학생들은 커다란 이층집에 현대식 가구가 있는 집에 산다.

그래서 그는 자기 집에 친구를 손님으로 초대하기를 꺼린다. 니코는 어떻게든 비참한 인생, 좁은 집, 그가 가진 오래되고 예쁘지 않은 옷을 지우고 싶었다. 그의 어머니 급여는 아주 적어서 규칙적으로 그에게 새 옷이나 신발을 사 주지 못해 니코는 괴롭다. 니코는 자주 아버지를 생각한다. 부모님은 오래전에 이혼했지만 니코는 아버지를 잊을 수 없다.

아버지가 가정을 떠날 때 그는 7살이었다.

그 일은 니코가 1학년에서 배우기 시작할 때 햇빛이 밝은 9월의 어느 날에 일어났다.

그날 아버지가 그를 데리러 학교 수업이 끝난 뒤 학교로 왔다.

두 사람은 도시 중심가로 가서 가장 멋진 제과점 **'황금 생선'**에 들어갔다.

Li loĝis en alia urbkvartalo, malproksime de la maro kaj devis pli da tempo piediri. Niko trapsis la centron de la urbo kaj ekiris sur la montetan deklivon. Lia domo estis je la fino de strato "Nigra Maro", malgranda, unuetaĝa domo kun malvasta korto. Niko hontis pro la mizera domo. Liaj samklasanoj loĝis en grandaj duetaĝaj domoj, moderne meblitaj. Pro tio li ne emis inviti amikojn gasti al li.

Niko deziris iamaniere forgesi la mizeran vivon, la malvastan hejmon, la vestojn, kiujn li havis kaj kiuj estis malnovaj kaj malbelaj. La salajro de lia patrino estis malalta, ŝi ne povis regule aĉeti al li novajn vestojn, ŝuojn kaj tio turmentis Nikon.

Ofte Niko pensis pri la patro. La gepatroj delonge divorcis, sed Niko ne povis forgesi la patron. Li estis sepjara, kiam la patro forlasis ilin. Tio okazis en suna septembra tago, kiam Niko komencis lerni en la unua klaso. En tiu tago la patro venis en la lernejon post la fino de la lernhoroj por preni lin. Ambaŭ ekiris al la centro de la urbo, al al plej bela dolĉaĵejo "Ora Fiŝeto".

아버지의 힘센 손을 잡고 니코는 행복하고 자랑스러웠다. 아버지는 선장이고 선주다.

기쁨 때문에 니코는 거의 날아갈 듯했다.

그는 결코 아버지의 멋진 해군복장, 무관 모자, 빛나는 견장을 잊을 수 없다.

제과점에서 아버지는 초콜릿 과일파이와 레모네이드를 주문했다. 나중에 그렇게 맛있는 과일파이를 먹은 적이 없다.

제과점 다음에 두 사람은 책방 '**놀라운 세상**'으로 갔다. 거기서 아버지는 니코를 위해 몇 가지 아동 도서를 사 줬다.

아버지와 함께 보낸 이 햇빛이 밝은 9월의 한 날은 영원히 멋지고 특별하게 남았다.

며칠 뒤 아버지는 사라지고 집에 돌아오지 않고 니코는 그를 기다렸지만 소용없었다.

니코가 어머니에게 아버지가 어디로 갔냐고 물었을 때 어머니는 대답했다.

"정말 그는 선장이고 선주니까 긴 바다 여행을 떠나서 곧 돌아오지 않아."

니코는 그를 1년 내내 기다렸지만 마침내 아빠는 이제 돌아오지 않고 부모님은 이혼한 것이라고 깨달았다.

Preninte la fortan manon de la patro, Niko estis feliĉa kaj fiera.[23] La patro estis kapitano, ŝipestro kaj pro ĝojo Niko kvazaŭ flugis. Li neniam forgesos la belan maristan uniformon de la patro, la oficiran ĉapelon, la brilajn epoletojn.

En la dolĉaĵejo la patro mendis ĉokoladan torton kaj limonadon. Neniam poste Niko manĝis tian bongustan torton. Post la dolĉaĵejo ambaŭ iris al la librovendejo "Mirinda Mondo" kaj tie la patro aĉetis por Niko kelkajn infanajn librojn. Tiu ĉi suna septembra tago kun la patro por ĉiam restis belga kaj neordinara.

Post kelkaj tagoj la patro malaperis, ne revenis hejmen kaj Niko vane atendis lin. Kiam Niko demandis la patrinon kien iris la patro, ŝi respondis:

— Ja, li estas kapitano, ŝipestro, ekvojaĝis al longa mara vojaĝo kaj baldaŭ ne revenos.

Niko atendis lin tutan jaron kaj fin-fine komprenis, ke paĉjo plu ne revenos kaj la gepatroj divorcis.

---

23) fier-a 뽐내는, 자랑하는, 자랑스러운, 자랑스럽다, 자긍(自矜)하는, 영광으로 여기는, 마음에 흡족한, 득의 양양한, 교만한, 거만한, 뻐기는, 잘난 체 하는, 도도한; fieri 자랑하다

하지만 그는 아버지가 영원히 떠났다고 아이들에게 말하고 싶지 않아서 아버지는 가장 큰 배의 주인이고 여러 나라를 항해하고 항상 니코에게 정말 예쁘고 값비싼 선물을 가져다 준다고 거짓말했다. 아이들에게 여러 번 아버지의 배에 갔고 배는 먼 나라까지 항해하고 니코는 이국적인 섬들을 보았다고 말하기조차 했다.

마침내 아이들은 니코가 거짓말을 했다는 것을 알았다. 그리고 그를 웃고 놀리기 시작했다.

그를 거짓말쟁이, 동굴 속 환상가라고 불렀다.

니코는 더 아버지에 관해 이야기하지 않고 아이들에게 자신은 힘이 더 세고 독립적인 것을 보여 주려고 마음먹었다.

"나는 아버지가 없어. 그렇지만 나는 스스로 내 문제를 해결할 수 있어." 니코는 결심했다.

그에게 배우는 것은 중요하지 않아 잘 배우지 않았다. 니코는 힘이 세고 용기 있는 것이 더 중요하다고 생각했다.

그는 훈련하고 운동하고 수영하고 달리기해서 정말 아주 강하게 되었다.

"나는 페탸에게 내가 학교에서 가장 힘이 센 남자 아이고 가장 수영을 잘 한다고 보여 줄 거야."

Li tamen ne deziris diri al la infanoj, ke la patro foriris por ĉiam kaj li mensogis, ke la patro estas la plej granda ŝipestro, ke li veturas al multaj landoj kaj ĉiam alportas al Niko belegajn multekostajn donacojn. Li eĉ rakontis al la infanoj, ke plurfoje estis en la ŝipo de la patro, ke la ŝipo veturis al malproksimaj landoj kaj Niko vidis ekzotikajn insulojn.

Fin-fine la infanoj komprenis, ke Niko mensogas ilin kaj komencis priridi kaj primoki lin. Nomis lin "mensogulo" kaj "kava fantaziulo".

Niko decidis ne plu rakonti pri la patro, sed montri al infanoj, ke li estas pli forta ol ili kaj memstara. "Mi ne havas patron, sed mi mem povas solvi miajn problemojn, decidis Niko."

Por li ne estis grava la lernado kaj ne bione lernis. Niko opiniis, ke pli gravas esti forta kaj kuraĝa. Li komencis ekzerci, gimnastiki, naĝi, kuri kaj li vere iĝis tre forta. "Mi montros al Petja, ke mi estas la plej forta knabo en la lernejo kaj la plej bona naĝanto."

니코는 자신에게 더 거짓말하지 말고 정직하고 약한 아이를 지켜 줄 거라 약속했다.

그가 점점 나이가 들자 어머니에게 벌써 돈을 달라고 청하지 않고 가능한 돈을 벌 방법을 찾았다.

여러 번 어부들을 도왔고 그들이 생선을 선물로 주었다.

또는 지역 가게의 상인들을 도와 무거운 맥주 상자를 가게로 날라주고 상인들이 얼마간의 돈을 주었다.

도로 위를 천천히 걸어가면서 어느새 니코는 집에 도착했고 마당 문을 열고 작은 오솔길을 따라 집안 문으로 갔다.

좁은 현관에 들어갔다. 어둡고 조용했다. 방에서 어머니가 주무시는 숨소리가 들린다.

니코는 어머니 옆에 친구 중 누군가가 있음을 알아차렸다.

그의 마음에 들지 않지만 어머니에게 무슨 말도 할 수 없다. 소리 없이 방으로 들어가서 창을 열고 창가에 서 오래도록 별이 있는 하늘을 쳐다 보았다. 거의 아침마다 니코는 일찍 일어나서 집을 나와 바닷가로 달렸다.

Niko promesis al si mem ne plu mensogi, esti honesta kaj defendi la malfortajn knabojn. Kiam li iĝis iom pli aĝa, li jam ne petis la patrinon doni monon kaj serĉis eblecon mem gajni ĝin. Foje-foje li helpis fiŝkaptistojn, kiuj donacis al li fiŝojn aŭ helpis la vendiston de la kvartala vendejo porti en la vendejon la pezajn skatolojn da biero kaj la vendisto donis al li iom da mono.

Irante malrapide sur la straton, Niko nesenteble venis al la domo, malfermis la kortan pordon kaj laŭ la eta pado iris al la hejma pordo. Eniris la mallarĝan vestiblon. Estis mallumo kaj silento. De la ĉambro, en kiu dormis la patrino, aŭdiĝis flustro kaj Niko komprenis, ke ĉe la patrino denove estas iu el ŝiaj amikoj. Tio ne plaĉis al li, sed nenion li povis diri al la patrino.

Senbrue li eniris sian ĉambron, malfermis la fenestron, ekstaris ĉe ĝi kaj longe rigardis la stelan ĉielon.

Preskaŭ ĉiun matenon Niko frue vekiĝis, eliris kaj kuris al la mara bordo.

거기서 체력 단련을 하고 여름에는 수영을 하지만 지금 5월에 물은 아직 차갑다.

해가 커다란 토마토처럼 붉게 바다 위로 떠오르는 순간이 니코에게 가장 마음에 든다.

조용한 파도위에 루비색 오솔길이 나타난 그때 그에게 힘이 마치 흘러들어오는 듯해서 바다를 가로질러 수영할 수 있다고 느꼈다.

지금 그는 체력 단련을 하고 파도 가까이 서서 바다를 바라보았다.

멀리서 어부들의 배가 보이고 니코는 곧 그것이 친구 **페로**의 배임을 알아차렸다.

페로는 니코보다 나이가 많다.

몇 년 전 학교를 마치고 그때부터 고기 잡는 일을 했다.

매일 아침 아주 빨리 바다로 가서 물고기를 잡고 나중에 생선을 식당 '**브리즈**'에 판다.

니코는 페로가 부럽다. 그의 삶이 자유롭고 걱정이 없어서 바다 옆에서의 삶, 바다는 정말 그의 집이다. 그리고 자주 페로는 말했다.

"나는 돌고래야. 바다는 나의 토지야. 누구도 나를 심판하지 않고 나는 누구에게도 굴복하지 않아. 나는 돌아다니고 내가 원하는 대로 수영해."

Tie li faris gimnastikajn ekzercojn kaj somere naĝis, sed nun, en majo, la akvo ankoraŭ estis malvarma.

Plaĉis al Niko la momento, kiam la suno komencis aperi super la maro – ruĝa kiel grandega tomato, kaj sur la kvietaj ondoj ekestas rubenkolora pado. Tiam en lin kvazaŭ enfluis fortoj kaj li sentis, ke kapablas tranaĝi la maron.

Nun li faris la gimnastikajn ekzercojn, ekstaris proksime al la ondoj kaj rigardis la maron. Fore videblis fiŝkaptista boato kaj Niko tuj renokis ĝin – la boato de lia amiko Pero. Pero pli aĝis ol Niko. Antaŭ kelkaj jaroj li finis lernejon kaj de tiam okupiĝis pri fiŝkaptado. Ĉiun matenon li tre frue iris en la maron, fiŝkaptadis kaj poste vendis la fiŝojn al restoracio "Brizo".

Niko enviis Peron, ĉar lia vivo estis libera kaj senzoprga, vivo ĉe la maro, la maro estis lia vera hejmo kaj ofte Pero diris:

– Mi estas delfeno. La maro estas mia bieno. Neniu min komandas, al neniu mi subiĝas. Mi vagas, naĝas tien, kien mi deziras.

페로의 배는 해안가로 가까이 왔다.

니코는 그가 배를 모래 위로 끌어 당기는데 도와주며 물었다.

"페로형, 오늘 고기를 많이 잡았나요?"

"응." 페로가 대답했다.

"나는 매우 예쁘고 조금 큰 망둥어를 잡았어.

5월 15일이 지나야 망둥이 잡는 것이 허락됨을 알아라.

오늘 나는 매우 기뻐."

"형은 항상 만족하고 기분이 좋아요." 니코가 말했다.

"아니야. 니코. 항상은 아니지." 페로가 그를 쳐다보고 길고 검은 수염을 살짝 만졌다.

키가 크고 마른 페로는 까만 머릿결과 서양 자두 같은 눈을 가졌다.

지금 그는 맨발이고 바지단은 무릎까지 올려져 있다. 그의 푸른 셔츠는 오래되고 조금 더럽지만 그것이 그를 성가시게 하지 않는다.

"내가 기분 나쁜, 화가 나는 날도 있어." 천천히 페로가 말했다.

La boato de Pero proksimiĝis al la bordo. Niko helpis lin tiri la boaton sur la sablon kaj demandis:

— Pero, ĉu hodiaŭ la fiŝkaptado estis abunda?

— Jes - respondis Pero. - Mi sukcesis tre belajn gobiojn[24] kapti - iom pli grandajn. Sciu, ke post la 15-a de majo estas permesita la kaptado de gobioj kaj hodiaŭ mi estas kontenta.

— Vi ĉiam estas kontenta kaj bonhumora - diris Niko.

— Ne, kara[25] amiko, ne ĉiam - alrigardis lin Pero kaj iom palpis sian longan nigran lipharon.

Alta, magra, Pero havis gudrokolorajn harojn kaj okulojn similajn al prunoj. Nun li estis nudpieda kaj la pantalonrando levita ĝis la genuoj. Lia verdkolora ĉemizo estis malnova, iom malpura, sed tio ne ĝenis lin.

— Estas tagoj, kiam mi ne havas bonhumoron kaj mi estas kolera - komencis malrapide Pero.

---

24) gobi-o <魚> 모샘치; 망둥이.
25) kar-a 친애(親愛)하는, 사랑하는, 귀여운, 그리운; 보배로운, 소중한, 귀한; 비싼, 값이 비싼

"알다시피 저녁에 고기 잡는 그물을 바다에 두는데 언젠가 그물에 작은 물고기뿐만 아니라 어떤 돌고래가 들어와 그물을 찢었어.

나는 돌고래를 좋아해.

그것들은 현명해.

그렇지만 그물을 찢을 때 나는 크게 화가 났지. 왜냐하면 나중에 오랫동안 그것을 꿰매야 하니까. 그것은 따분하고 싫증나는 일이거든."

"내게 말해줘요. 형. 언젠가 성 니콜라오 섬에 갔었는지." 니코가 물었다.

"나는 거기 근처에 갔지만 한 번도 올라가 본 적이 없어. 정말 너도 알다시피 거기는 군사 병영이고 섬에 가까이 가도록 허락도 되지 않았어." 페로가 설명했다.

"그래요. 상쾌한 하루 되기를 원해요." 니코가 말했다.

"정말 나는 학교에 가야 해요."

"아직 조금 더 기다려. 담배를 피우자."

"저는 담배 피우지 않는 것을 알잖아요."

"그래 잊었구나. 너는 운동 선수지."

니코는 페로에게 '잘 있어요.' 인사하고 도시로 서둘렀다.

– Vi scias, ke vespere mi metas la fiŝkaptistan reton en la maron, sed iam en la reton enirias ne nur etaj fiŝoj, sed same iu delfeno, kiu disŝiras la reton. Mi amas la delfenojn, ili estas saĝaj, sed kiam disŝiras la reton, mi ege koloeriĝas, ĉar poste longe mi devas kudri ĝin kaj tio estas enua kaj teda laboro.

– Diru al mi, Pero, ĉu iam vi estis sur insulo "Sankta Nikolao"? – demandis Niko.

– Mi proksimiĝis al ĝi, sed neniam mi surpaŝis ĝin. Ja, vi scias, ke tie estis kazerno kaj oni ne permesis eĉ proksimiĝi al la insulo – klarigis Pero.

– Do, mi deziras al vi agrablan tagon – diris Niko. – Ja, mi devas iri al la lernejo.

– Restu ankoraŭ iomete. Ni fumu cigaredojn.

– Vi scias, ke mi ne fumas.

– Jes, mi forgesis. Vi estas sportisto.

Niko diris "ĝis revido" al Pero kaj ekrapidis al la urbo.

11장. 니코의 실종

매우 나쁜 소식이 게오르고 교실에서 빠르게 퍼졌다. 학생들은 서로 수군거렸다.

니코가 사라졌다.

어제 오후 그는 집에서 나가 돌아오지 않았다.

그의 어머니 마르가리타 아주머니가 기다리고 그에게 전화했지만 허사였다.

그의 휴대전화기는 작동하지 않았다.

밤새 마르가리타 아주머니는 잠들지 못했다.

이른 아침에 니코의 동급생에게 그에 관해 무언가 알고 있지 않은지 물어보려고 학교에 왔지만, 그 누구도 무엇도 알지 못했다.

모두 말하기를 어제 니코는 학교에 있었지만, 수업이 끝나고 나서 집으로 갔고 그 이후 누구도 그를 보지 못했다.

마르가리타 아주머니는 매우 불안하고 충격을 받았다. 그녀는 무엇을 할지 알지 못했다. 곧 학교에서 나와 시 경찰서로 갔다. 당직 경찰이 그녀에게 젊은 경찰을 소개해주었다.

"아주머니 **사보브** 순경에게 무슨 일이 있고 왜 여기 왔는지 말씀하세요." 당직 경찰이 말했다.

11.

Tre malbona novaĵo rapide disvastiĝis en la lernoklaso de Georgo. La geknaboj flustris unu al alia: "Niko malaperis." Hieraŭ posttagmeze li eliris el la domo kaj ne revenis. Lia patrino, onklino Margarita, vane atendis, provis telefoni al li, sed lia poŝtelefono ne funkciis. Tutan nokton onklino Margarita ne dormis. Frumatene ŝi venis en la lernejon por demandi la samklasanojn de Niko ĉu ili ne scias ion pri li, sed neniu sciis ion. Ĉiuj diris, ke hieraŭ Niko estis en la lernejo, sed post la fino de la lecionoj li ekiris hejmen kaj de tiam neniu vidis lin.

Onklino Margarita estis ege maltrankvila kaj ŝokita. Ŝi ne sciis kion fari kaj tuj post la lernejo, iris al urba policejo. La deĵoranta policano prezentis ŝin al juna leŭtenanto.

-Sinjorino, rakontu al leŭtenanto Savov kio okazis kaj kial vi alvenis – diris la deĵoranta policano.

마르가리타 아주머니는 젊고 대략 35세의 키가 크고 밝은 푸른 눈과 수염과 금발의 순경 앞에 섰다. 그는 그녀를 바라보고 친절하게 물었다.

"무슨 일이세요? 아주머니."

"내 아들 니코 콜레브가 갑자기 사라졌어요. 어제 오후 집에서 나가 밤새 돌아오지 않았어요. 전화를 해 봤지만 전화기는 꺼져 있었어요."

"몇 살입니까?" 순경이 물었다.

"열네 살입니다." 그녀가 대답했다.

"혹시라도 친구에게, 친척에게 가서 그들과 저녁에 같이 있었는지 동급생에게 물어보셨나요?"

"동급생에게 물어보았지만 그들은 아무것도 몰라요. 마리노 시에서 우리는 친척이 없어요.

나는 남편과 몇 년 전에 이혼했어요.

나도 니코도 남편이 지금 어디 사는지 몰라요."
마르가리타 아주머니가 말했다.

경찰은 그녀의 밤색 눈에 눈물이 나타나는 것을 알아차렸다.

"예. 알겠습니다. 자세히 일어난 일을 설명해 주셔야 합니다.

Onklino Margarita ekstaris antaŭ juna, verŝajne tridek kvinjara viro, alta blonda kun helverdaj okuloj kaj lipharoj. Li alrigardis ŝin kaj afable demandis:

— Kio okazis, sinjorino?

— Mia filo, Niko Kolev, subite malaperis. Hieraŭ posttagmeze li eliris el hejmo kaj tutan nokton ne revenis. Mi provis telefoni al li, sed lia telefono ne funkcias.

— Kiomjara li estas? — demandis la leŭtenanto.

— Dek kvarjara – respondis ŝi.

— Ĉu vi demandis liajn amikojn, ĉu hazarde li iris al amikoj, al parencoj kaj restis tranokti ĉe ili?

— Mi demandis liajn samklasanojn, sed ili nenion scias pri li. En Marino ni ne havas parencojn. Kun mia edzo ni divorcis antaŭ jaroj. Nek mi, nek Niko scias kie nun loĝas la edzo – diris onklino Margarita kaj la oficiro rimarkis, ke en ŝiaj kaŝtankoloraj okuloj aperis larmoj.

— Jes, mi komprenas. Vi devas detale priskribi la okazintaĵon.

아이가 몇 살인지, 어떻게 생겼는지, 키는 얼마고, 무슨 옷을 입었는지, 눈과 머리 색깔은 어떤지 써 주세요. 그의 최신 사진을 주세요." 경찰이 말했다. "우리는 사진을 동료들에게 수색에서 우리를 도와 달라고 요청하며 이웃 경찰서에 보낼게요." "감사합니다. 순경님. 그의 사진을 가져올게요." 그녀는 말하고 떠났다. 마르가리타 아주머니는 울면서 집으로 돌아왔다.

니코의 사진을 찾기 시작했다. 앨범에서 사진 몇 장을 찾았다. 다섯 살 때 짧은 반바지, 하얀 셔츠를 입고 공을 든 사진, 열 살 때 모래사장에서 수영복 차림, 12살때 학교에서 학교 가방을 멘 사진. 마르가리타 아주머니는 더 크게 울었다.

그녀는 니코 없이 혼자 살 수 있다고 상상할 수도 없다. 무슨 일일까? 어디로 갔을까? 왜 아무 말도 하지 않았을까? 이런 질문이 그녀를 괴롭혀 숨도 쉴 수 없었다.

하지만 그녀는 사진을 들고 다시 경찰서로 가야만 했다. 시간이 없다. 경찰관이 더 빨리 수색을 시작해야 한다. 정말 일 분이 중요하다. 마르가리타 아주머니는 더 새로운 사진을 발견했다. 그것은 작년 숲속에서 찍은 것이다.

Skribu kiomjara estas la knabo, kiel li aspekatas, kiel alta li estas, kiel estas vestita, la koloron de liaj okuloj kaj haroj. Donu al ni lian pli novan foton — diris la policano. — Ni sendos la foton al aliaj policejoj, petante la kolegojn helpi nin en la serĉado.

— Dankon, sinjoro leŭtenanto, mi alportos lian foton — diris ŝi kaj foriris.

Onklino Margarita ploranta revenis hejmen. Ŝi komencis serĉi fotojn de Niko. En albumo ŝi trovis kelkajn fotojn: Niko kvinjara kun kurta pantalono kaj blanka ĉemizo, tenanta pilkon, dekjara kun bankostumo sur la plaĝo, Niko — dekdujara en la lernejo kun lernosako⋯ Onklino Margarita pli forte ekploris. Ŝ ne povis imagi, ke restos sola sen Niko. Kio okazis, kien li iris, kial li nenion diris? Tiuj ĉi demandoj turmentis ŝin kaj ŝi ne povis spiri. Tamen ŝi devis kun la foto denove iri en la policejon. Ne estis tempo, la policanoj komencu pli rapide la serĉadon. Ja, ĉiu minuto estas grava.

Onklino Margarita trovis pli novan foton. Ĝi estis farita pasintjare en la arbaro.

그때 그와 동급생이 숲으로 산책을 가서 누군가 그들을 찍었다. 마르가리타 아주머니는 사진을 들고 경찰서로 출발했다. 지금 경찰이 그녀를 조금 달랬다. "아주머니. 울지 마세요." 그가 말했다. "우리는 자녀를 찾을 겁니다. 분명 멀리 가지는 않을 겁니다. 말씀하신 대로 돈도 없이, 가방도 들지 않고, 다른 옷도 챙기지 않고 집을 나갔으니까요. 아마 어딘가로 산책을 나가서 자기도 모르게 어딘가에서 잠들었을 겁니다. 분명 돌아올 겁니다. 아니면 부르가스에 갔을 수도 있습니다. 버스로 돌아올 차비가 없을 수도 있습니다. 우리는 모든 가능성을 점검하고 반드시 찾아낼 겁니다." 마르가리타 아주머니는 경찰서에서 나와 시립병원으로 가서 거기서 니코를 찾았다.

혹시라도 다치거나 그에게 차 사고가 났다고 짐작했지만, 마찬가지로 병원에 그는 없었다. 사람들이 어제 다쳐서 병원에 온 남자아이가 없다고 말했다. 마르가리타 아주머니는 더 무엇을 할지 알지 못해서 낙담해서 집으로 돌아왔다. 그녀는 계속해서 울고 다른 도시에 사는 친척들, 지인들에게 전화했지만, 그 누구도 니코에 대해 무언가도 알지 못했다.

Tiam li kaj liaj samklasanoj promenadis en la arbaro kaj iu fotis ilin. Onklino Margarita prenis la foton kaj ekiris al la policejo.

Nun la leŭtenanto iom trankviligi ŝin.

— Sinjorino, ne ploru — komencis li. — Ni trovos vian filon. Certe li ne iris malproksimen. Kiel vi diris li eliris el la domo sen mono, ne prenis sakon kaj aliajn vestojn. Verŝajne li iris promenadi ien kaj nevole ie ekdormis. Li certe revenos. Aŭ povas esti, ke li iris en Burgas kaj ne havas monon reveni per la aŭtobuso. Ni kontrolos ĉie kaj ni nepre trovos lin.

De la policejo onklino Margarita iris en la urban malsanulejon kaj tie serĉis Nikon. Ŝi supozis, ke hazarde li estis vundita aŭ okazis aŭtoakcidento al li, sed same en la malsanulejo li ne estis kaj oni diris, ke hieraŭ ne estis alportita vundita knabo.

Onklino Margarita nenion plu povis fari kaj revenis hejmen frakasita. Ŝi daŭre ploris, telefonis al parencoj en aliaj urboj, al konatoj, sed neniu sciis ion pri Niko.

그녀는 방에서 이곳저곳으로 걸었다. 꾸준히 문을 바라보면서 갑자기 니코가 그 문을 열고 들어올 것을 기다리면서 그녀는 마치 눈앞에 건강하고 기분 좋고 검은 눈이 빛나는 아이를 본 것 같지만 시간이 지나고 그는 돌아오지 않았다. 적막이 방에서 그녀를 억눌렀고 이 무서움을 이겨낼 힘도 더는 없었다. 그녀는 미약하게 오래 생각하고 어떤 잘못을 했는지 뒤돌아 보려고 했다. 아마 어떻게든 니코를 화나게 했고 그를 꾸짖었고 그래서 아무 말도 하지 않고 집을 도망쳤다. 정말 그는 14살이다. 이 나이에 남자아이들은 매우 감정적이다. 독립하려고 원하며 부모님을 따르지 않고 스스로 결정하고 혼자 서고 싶어 한다. 니코가 아버지없이 자라는 것이 크게 어려운 일이다. 분명 그는 아버지가 없다. 분명 아이들은 부모의 이혼 때문에 심하게 고통을 겪는다. 니코가 아버지랑 같이 산다면 결코 집에서 나가지 않을 것이다. 아버지는 존경을 받는다. 남자아이들은 아버지를 높이 평가하고 아마도 감히 버릇 없이 행동하지 않을 것이라고 마르가리타 아주머니는 깊이 생각했다. 그녀는 계속해서 니코가 왜 사라졌는지 논리적으로 설명하려고 했지만 쓸데없다.

Ŝi paŝis en la ĉambro de angulo al angulo, konstante rigardis la pordon, atendante, ke subite Niko malfermos ĝin kaj eniros. Ŝi kvazaŭ vidis lin antaŭ si, sana, bonhumora kaj liaj nigraj okuloj ĝojbrilis, sed la horoj pasis kaj li ne revenis. La silento en la domo premis ŝin kaj ŝajne ŝi ne plu havis fortojn elteni tiun ĉi teruron. Ŝi febre meditis kaj provis rememori kian eraron ŝi faris. Eble iel ŝi ofendis Nikon, riproĉis lin kaj li forkuris el la domo, dirante nenion al ŝi. Ja, li estas dek kvarajra. En tiu ĉi aĝo la knaboj estas tre emociaj, deziras esti memstaraj, ne obeas la gepatrojn, deziras mem decidi kaj memstare agi. Ege malfacilas, ke Niko kreskas sen patro. Certe la patro mankas al li. Ja, la infanoj dolore travivas la divorcon de la gepatroj. Se Niko kaj la patro loĝis kune, Niko neniam forkuros el la domo. La patroj havas respekton, la knaboj estimas la patrojn kaj eble ne kuraĝos agi senprudente, meditis onklino Margarita. Ŝi daŭre provis trovi logikan klarigon kial Niko malaperis, sed vane.

의도하지 않게 니코의 어린 시절로 기억을 더듬었다. 정말 그는 장난스럽고 놀기 좋아하는 아이였다. 이미 초등학교 때 여교사는 니코가 다른 남자애들과 싸운다고 불평했고 자주 그를 벌 주었다. 마르가리타는 항상 그의 요청과 바람을 들어주려고 노력했고, 월급이 적었음에도 그를 위해 장난감, 옷을 사 주었다. 마르가리타는 니코가 다른 남자아이들이 가지고 있는 모든 것을 갖도록, 그가 아버지의 부재를 느끼지 않도록 원했다.

때때로 니코는 그녀에게 거짓말 했지만 마르가리타는 그것이 남자아이의 환상이라고 생각하고 중요하게 여기지 않았다. 니코가 학교에 가지 않는 날이 있었다. 그때 마르가리타는 심하게 그를 꾸짖었다. 자주 그는 혼자 있는 것을 더 좋아했다. 마르가리타는 그가 무슨 생각을 하는지, 무엇을 느끼는지 무슨 계획이 있는지 궁금했다.

그녀는 그를 잘 알지 못하는 것을 고백해야만 하지만, 아직 니코는 어린아이이고 다 성장할 때는 더 사려깊으리라고, 자기 마음을 안정시키려고 했다. 마르가리타는 전화기가 갑자기 울리고 니코 목소리 듣기를 기다렸지만, 전화기는 계속해서 조용했다.

Nevole ŝi revenis en la rememoroj al la infaneco de Niko. Vere li estis petola kaj ludema infano. Jam en la baza lernejo la instruistino plendis, ke Niko batalis kun la aliaj knaboj kaj la instruistino ofte punis lin. Margarita ĉiam strebis plenumi liajn petojn kaj dezirojn. Ŝi aĉetis por li ludilojn, vestojn, malgraŭ ke ŝia salajro estis malalta. Margarita deziris, ke Niko havu ĉion, kion havas la aliaj infanoj, ke li ne sentu la mankon de la patro. De tempo al tempo Niko mensogis ŝin, sed Margarita opiniis, ke tio estis pro la infanaj fantaziaĵoj kaj ŝi ne konsideris ilin seriozaj. Estis tagoj, kiam Nikon ne frekventis la lernejon kaj tiam Margarita serioze riproĉis lin. Ofte li preferis resti sola kaj Margarita demandis sin kion li meditas, kion li sentas, kion li planas. Ŝi devis konfesi, ke ne bone konas lin, sed ŝi provis trankviligi sin, ke Niko estas ankoraŭ infano kaj kiam li plenkreskos, estos pli prudenta.

Margarita atendis, ke la telefono subite eksonoros kaj ŝi aŭdos la voĉon de Niko, sed la telefono daŭre silentis.

경찰관들도 마찬가지로 전화걸지 않았다. 시간이 고통스럽게 지나갔고 마르가리타는 거의 미칠 지경이었다. 마르가리타는 남편이 택시운전사인 이웃집 **밀라**에게 가서 도움을 청하러 가기를 마음먹었다. 마르가리타는 니코의 다른 사진을 들고 집을 나섰다.

밀라는 가까운 3층 집에 산다. 마당에는 철 울타리가 있다. 마르가리타는 마당 문의 초인종을 눌렀다. 잠시 뒤 밀라가 문을 열려고 나왔다. "아이고. 무슨 일이 일어났는지 들었어요. 니코가 왜 사라졌는지 전혀 알지 못해요. 집에서 도망쳤는지 나쁜 친구와 어딘가로 떠났는지요?"

"저도 아무것도 몰라요." 마르가리타가 울음을 터뜨렸다. "갑자기 사라지고 편지도 남기지 않고 전화도 하지 않아 나는 절망에 빠졌어요. 도움을 청하려고 왔어요." 그들은 집 안으로 들어가 마르가리타가 물었다. "남편인 바실 씨는 여기 계시나요?" "예." 밀라가 대답했다. "그에게 부탁하고 싶어요." 그리고 마르가리타는 다시 세게 울음을 터뜨렸다. 바실은 방에 있고 식탁에 앉아서 저녁을 먹고 있다. 마르가리타를 보고 일어나서 그녀를 안정시키려고 했다.

La policanoj same ne telefonis. La horoj pasis turmente kaj Margarita preskaŭ freneziĝis. Ŝi decidis iri al sia najbarino Mila, kies edzo estas taksiŝoforo kaj peti lin pri helpo. Margarita prenis alian foton de Niko kaj eliris el la domo. Mila loĝis en proksima trietaĝa domo. La korto havis feran barilon. Margarita premis la sonorilon ĉe la korta pordo kaj postnelonge alvenis Mila por malfermi la pordon.

— Kara, mi aŭdis kio okazis kaj tute ne komprenas kial Niko malaperis. Ĉu li fuĝis el la domo aŭ kun malbonaj amikoj li forveturis ien?

— Nenion mi scias — ekploris Margarita. — Li malaperis subite, ne lasis leteron, nek telefonas kaj mi estas frakasita. Mi venis al vi peti helpon.

Ili eniris la domon kaj Margarita demandis:

— Ĉu Vasil, via edzo, estas ĉi tie?

— Jes — respondis Mila.

— Mi deziras peti lin··· - kaj Margarita denove forte ekploris.

Vasil estis en la ĉambro, sidis ĉe la tablo kaj vespermanĝis. Kiam li vidis Margaritan, li ekstaris kaj provis trankviligi ŝin:

"울지 마세요. 그것은 어린아이 같은 행동이에요. 그는 어딘가로 갔고 정말 지금 이틀간 돌아오지 않았지만 배가 고파지면 곧 돌아올 겁니다. 정말로 그는 돈이 없으니 멀리 갈 수 없어요."

바실은 40살이고 그렇게 키는 크지 않지만, 얼굴은 타타르족 같고 조금 엄하게 보이지만 마음 착한 남자다.

"혹시 아버지를 찾으러 가지 않았나요?" 바실이 물었다.

"전혀 아니에요." 마르가리타가 대답했다.

"니코는 아버지가 어디 사는지 몰라요. 이미 몇 년 전부터 그는 니코에게 전화하지 않고 찾아오지도 않고 돈도 부치지 않고 아들을 갖지 않은 것처럼 관심조차 전혀 없어요."

"분명." 바실이 결론지었다.

"바실 씨." 마르가리타가 말했다.

"운전사잖아요. 부르가스에서 가까운 도시나 마을로 사람들을 태우죠.

니코의 사진을 가지고 그것을 차에 비치해서 혹시라도 누군가가 어디서 이 남자아이를 보았느냐고 물어보기를 부탁드려요."

"좋은 생각이네요. 내일 그것을 할게요.

— Ne ploru. Tio estas infana ago. Li foriris ien kaj verŝajne unu aŭ du tagojn li ne revenos, sed kiam li iĝos malsata, li tuj revenos. Ja, li ne havas monon kaj li ne povos iri malproksimen.

Vasil estis kvardekjara, ne tre alta kun malhelaj okuloj. Lia vizaĝo similis al tatara vizaĝo kaj li aspektis iom severa, tamen estis bonkora viro.

— Ĉu hazarde li ne iris serĉi la patron? — demandis Vasil.

— Tute ne — respondis Margarita. — Niko ne scias kie loĝas la patro. Jam de kelklaj jaroj li ne telefonis al Niko, ne vizitis lin, ne sendas al li monon kaj tute ne interesiĝas pri li kvazaŭ ne havas filon.

— Klare — konkludis Vasil.

— Vasil — diris Margarita — vi estas taksiŝoforo, veturigas homojn en Burgas kaj al proksimaj urboj kaj vilaĝoj. Mi petas vin, prenu la foton de Niko, metu ĝin en la aŭto kaj demandu la homojn ĉu hazarde iu ie ne vidis tiun ĉi knabon.

— La ideo estas bona. Morgaŭ mi faros tion.

부르가스와 주변 도시는 크지 않아서 누군가 혹시 어디서 그를 볼 수 있어요.
하지만 다시 말하는데 걱정하지 마세요.
니코는 벌써 나이 먹은 남자아이고 그렇게 갑자기 사라진 것처럼 그렇게 갑자기 나타날 거예요."
바실과 밀라는 마르가리타를 조금이나마 안정시키는데 성공해서 그녀는 집에 돌아갔다.

Burgas kaj la urboj ĉirkaŭ ĝi ne estas grandaj kaj povas okazi, ke iu hazarde vidis Nikon ie. Sed denove mi diras al vi ne maltrankviliĝu, Niko jam estas aĝa knabo kaj li aperos tiel subite kiel subite malaperis.

Vasil kaj Mila sukcesis iom trankviligi Margaritan kaj ŝi revenis hejmen.

12장. 혼자 섬에 간 니코

니코는 게오르고가 섬으로 언제 나갈지 말해주기를 3일간이나 기다렸지만 게오르고가 아무 말도 하지 않자 자기에게 말하고 싶은 것을 피하는 것 같았다.

그때 니코는 혼자라도 섬에 가겠다고 갑자기 마음먹었다. 학교에서 돌아오자 그는 몇 개 샌드위치, 손전등, 커다란 칼, 삽을 준비해서 들고 조금 두꺼운 잠바를 입고 바닷가로 나갔다. 거기 부두에 도시 어부들의 배가 있었다. 그는 **바겔** 아저씨의 배를 잘 알고 있다. 그는 조금 아파서 자주 고기잡이하러 가지 않았다. 니코는 철 말뚝에 끈으로 묶어 놓은 배를 손쉽게 풀어서 그 안에 타고 섬으로 노를 젓기 시작했다.

다행히 날은 해가 비치고 조금 따뜻하며 바다는 잔잔하고 파도는 높지 않았다. 니코는 능숙하게 섬으로 노를 저었다. 1시간 배를 젓자 섬에 도착해서 조심해서 해안가로 가까이 다가가 배를 둘 수 있는 좋은 장소를 알아내 모래 위로 끌어 올리고 섬으로 들어갔다. 호기심을 가지고 섬을 둘러보았다. 섬은 그렇게 크지 않게 보였다.

12.

Tri tagojn Niko atendis, ke Georgo diru al li, kiam ili eknaĝos al la insulo, tamen Georgo nenion diris kaj ŝajne evitis paroli kun Niko. Tiam Niko subite decidis, ke li sola iros al la insulo. Reveninte el la lernejo, li preparis kelkajn sandviĉojn, prenis lanterno, grandan tranĉilon, ŝovelilon, surmetis sian pli dikan jakon kaj ekiris al la mara bordo.

Tie, ĉe la kajo, estis la boatoj de la urbaj fiŝkaptistoj. Li bone konis la boaton de onklo Vangel, kiu estis iom malsana kaj ne ofte fiŝkaptadis. Niko facile malligis la ŝnuron, per kiu estis ligita la boato al fera paliso, eniris ĝin kaj ekremis al la insulo. Feliĉe la tago estis suna, varmeta, la maro kvieta kaj la ondoj ne estis grandaj. Niko lerte remis al la insulo. Post unuhora remado li atingis la insulon, atente proksimiĝis al la bordo, rimarkis bonan lokon, kie li povis lasi la boaton, tiris ĝin sur la sablon kaj ekiris sur la insulon.

Scivole li ĉirkaŭrigardis. La insulo ne aspektis tre granda.

오른쪽에는 2층짜리 석조건축물이 보였는데 정말로 수도원 성 니콜라오 이며 거기에 군인들의 숙소가 있는 것 같았다. 조금 한 편에 가장 낮은 건물, 수도원의 기도실로 보이는데 섬에서 군인들이 있을 때 기도실은 확실히 닫혀있었다.

니코는 수도원에서 멈추지 않고 마당으로 들어가지도 않았다.

그는 먼저 섬 전체를 잘 관찰하고 어떻게 정말 보물이 숨겨져 있을까 방향을 잡고 싶었다. 그는 앞으로 나아갔다. 500m 지나 바위들을 만났다. 그것 오른쪽에 작은 숲을 이룬 나무들이 있다. 숲을 가로질러 오솔길이 있고 그 길은 그렇게 넓지 않은 광장으로 이끌었다. 정말로 거기에 군인들이 아침에 아침 체조와 점검을 하러 모였을 것 같다. 광장에는 몇 가지 운동기구가 있다. 철봉, 평행봉, 농구골대, 탁구대 기타. 광장에서 200m지나 등대가 있어서 밤에 배들에게 부르가스 항구 방향을 비춰주었다.

섬의 다른 쪽에는 은행을 닮은 건축물이 서 있다. 정말로 거기서 군인들이 무기를 지키고 있었을 것이다. 여기저기서 섬에 사람이 정말 있었음을 볼 수 있다.

Dekstre videblis duetaĝa ŝtona konstruaĵo, kiu verŝajne estis la monaĥejo "Sankta Nikolao" kaj en ĝi la dormĉambroj de la soldatoj, iom flanke – la pli malalta konstruaĵo, verŝajne la preĝejo al la monaĥejo, sed dum la soldatoj troviĝis sur la insulo, la preĝejo certe estis fermita.

Niko ne haltis ĉe la monaĥejo, nek eniris ĝian korton. Li deziris unue bone trarigardi la tutan insulon kaj iel orientiĝi kie verŝajne povus esti kaŝita la trezoro. Li iris plu. Post kvincent metroj li rimarkis rokojn. Dekstre de ili estis arboj, kiuj formis malgrandan arbaron. Tra la arbaro estis pado, kiu gvidis al ne tre vasta placo. Verŝajne tie la soldatoj kolektiĝis ĉiumatene por matena gimnastiko kaj kontrolo. Sur la placo estis kelkaj sportaj iloj: rekoj, durekoj, korbotabuloj, tabloj-tenisoj kaj aliaj.

Ducent metrojn de la placo estis la lumturo, kiu nokte montris al la ŝipoj la direkton al la haveno de Burgas. Sur la alia flanko de la insulo staris konstruaĵo, kiu similis al deponejo. Verŝajne tie la soldatoj gardis la armilojn. Ie-tie oni povis rimarki, ke sur la insulo vere estis homoj.

땅에는 빈 보관 상자가 여럿 누워 있고 담배꽁초, 종이 부스러기, 다른 쓰레기들이 흩어져 있다.

하지만 이곳에 비밀 파견부대가 있었다는 표시는 없다. 군인들이 무기와 관계있는 모든 것, 즉 총과 군사시설을 뜯어내서 가지고 갔다.

니코는 수도원이었던 곳을 살피러 돌아왔다. 성을 살피며 이리저리 헤매는 동안 아무도 여기에 없고 달랑 그만 혼자라고 보였다.

하지만 수도원 안 마당으로 들어설 때 불쾌한 느낌, 즉 누군가 여기에 있고 숨어서 자세히 자신을 살피는 듯한 기분이 엄습했다. 그래도 니코는 용기있게 앞으로 나아가 마당을 지나치고 수도원 건물 안으로 들어갔다.

오래됐지만 상태는 좋았다.

아마도 군인들이 관리를 잘 하고 여러 번 보수를 한 것 같다. 벽은 푸르게 색칠이 되어 있고 문과 창들은 닫혀있다. 1층에는 방들이 여럿 있다.

니코는 천천히 긴 복도를 지나쳤다.

그의 발자국 소리가 크게 들렸다.

방에 무엇이 있는지 보려고 어느 문을 열고 싶었지만, 갑자기 멈춰섰다.

담배 피우는 냄새가 나는 것 같았다.

Sur la tero kuŝis malplenaj konservaj skatoloj, cigardestumpoj, paperaĉoj kaj aliaj rubaĵoj. Tamen mankis signo, ke ĉi tie estis sekreta armea taĉmento. La soldatoj forprenis kaj forportis ĉion, kio estis ligita al la armeo: pafilojn kaj armean teknikon.

Niko revenis por trarigardi la estintan monaĥejon. Dum li vagis tra la insulo, ŝajnis al li, ke neniu estas ĉi tie kaj li tute solas, sed kiam li eniris en la korton de la monaĥejo, obsedis lin malagrabla sento, ke tamen iu estas ĉi tie, kaŝas sin kaj de ie atente gvatas lin.

Niko tamen kuraĝe iris antaŭen, trapasis la korton kaj eniris la konstruaĵon de la monaĥejo. Malgraŭ malnova, ĝi estis en bona stato. Eble la sodatoj zorgis pri ĝi kaj foje-foje renovigis ĝin. La muroj estis verde kolorigitaj, la pordoj kaj la fenestroj – fermitaj. Sur la unua etaĝo estis pluraj ĉambroj.

Niko malrapide paŝis sur la longa koridoro kaj liaj paŝoj forte aŭdiĝis. Li deziris malfermi iun pordon por vidi kio estas en ĉambro, sed subite haltis. Ŝajnis al li, ke ekflais cigaredan fumon.

아마도 그렇게 자기에게만 이런 느낌이 있겠지 생각했는데 왼쪽에 있는 문 가운데 하나가 조금 열려 있는 것을 알아차렸다. 그것이 금세 그의 의심을 불러일으켰다. 분명 여기에 누군가가 있다.

니코는 도망치려고 몸을 돌렸지만 어느 방에서 남자가 뛰어나와 그를 붙잡고 방으로 끌고 갔다.

모든 일이 순식간에 일어나 니코는 남자의 얼굴조차 볼 수 없었다.

방에는 이미 두 사람이 있는데 30살 정도고 크게 호기심을 가지고 그를 바라보았다.

그들의 얼굴은 매우 사납게 보였다. 니코는 아주 두려워 여기서 나쁜 일이 자기를 기다린다고 짐작했다. 그를 붙잡은 남자는 팔을 세게 잡고 그의 등 뒤에 섰다. 다른 남자 중 하나가 가까이 다가와 얼음장 같은 목소리로 물었다.

"넌 누구야?" 두려워 떨면서 니코가 조그맣게 대답했다. "니코입니다."

"네 모든 이름을 대라?" 남자가 명령했다.

"니코 콜레브입니다." "어디서 사냐?" 날카로운 시선이 니코를 찔렀다.

"마리노에서 삽니다." 니코가 중얼거렸다. "여기서 무엇을 하고 있냐?"

Eble nur tiel ŝajnis al mi, meditis li, sed rimarkis, ke unu el la pordoj maldekstre estas iom malfermita. Tio tuj vekis lian suspekton. Certe ĉi tie estas iu. Niko turnis sin por forkuri, sed de iu ĉambro elsaltis viro, kiu kaptis lin kaj tiris lin en la ĉambron.

Ĉio okazis tiel rapide, ke Niko ne sukcesis vidi la vizaĝon de la viro. En la ĉambro estis ankoraŭ du viroj, ĉirkaŭ tridekjaraj, kiuj severe kaj esploreme rigardis lin. Iliaj vizaĝoj aspektis ege malafablaj. Niko serioze ektimiĝis kaj konjektis, ke nenio bona atendas lin ĉi tie. La viro, kiu kaptis lin, forte tenis liajn brakojn, starante malantaŭ lia dorso. Unu el la aliaj viroj proksimiĝis kaj per glacia voĉo demandis:

— Kiu vi estas?

Tremante pro timo Niko mallaŭte respondis:

— Niko.

— Diru vian tutan nomon! – ordonis la viro.

— Niko Kolev.

— De kie vi estas? – kaj lia akra rigardo pikis Nikon.

— Mi loĝas en Marino – balbutis Niko.

— Kion vi faras ĉi tie?

"섬을 살피려고 왔습니다." 그가 대답했다.

"무엇을 해 줄까?" 날카로운 시선의 남자 옆에 섰던 남자가 물었다. 그는 마치 머리를 굴리듯 진한 눈썹을 찡그렸다. 몇 분 뒤 조용히 말을 꺼냈다.

"우리가 이 장난꾸러기를 풀어준다면 큰 실수가 될 것이다. 그가 돌아가서 말하면 우리가 여기 있다는 것을 사람들이 알게 돼." 이 말이 니코를 돌처럼 굳게 만들었다.

이 세 명의 남자들이 여기 섬에 숨어 있고, 그들이 여기 있는 것을 사람들이 알기를 원치 않음을 그는 알았다. 확실히 그들은 범죄자들이다.

"그러나" 조금 키가 작고 긴 머리카락, 토마토 같은 코를 가진 한 남자가 말했다. 누군가가 그를 때려 코를 무너뜨려 토마토 같이 되었다고 니코는 짐작했다. "우리는 이 꼬마녀석을 여기 둘 수 없어." 토마토 코의 남자가 깊이 생각했다.

"내일 우리는 꼭 터키로 가야 해. 사람들이 우리를 찾고 있어. 아마도 누군가 우리가 섬 여기에 있을 것이라고 생각해 낼 거야."

"그만 떠들어." 날카로운 시선의 남자가 소리쳤다. 그의 얼굴은 늑대의 커다란 부리 같다. 지금은 더 위협적이다.

— Mi venis trarigardi la insulon — respondis li.

— Kion ni faru kun li? — demandis la viro, kiu staris ĉe la viro kun la akra rigardo.

Li kuntiris siajn densajn brovojn, kvazaŭ cerbumis kaj post minuto mallaŭte ekparolis:

— Estos granda eraro, se ni liberigos tiun ĉi bubaĉon. Kiam li revenos, li ekparolos kaj oni ekscios, ke ni estas ĉi tie.

Tiuj ĉi vortoj ŝtonigis Nikon kaj li komprenis, ke tiuj ĉi tri viroj kaŝas sin ĉi tie, sur la insulo, kaj ne deziras, ke oni eksciu kie ili estas. Certe ili estis krimuloj.

— Sed··· —daŭigis la alia viro, iom pli malalta kun longaj haroj kaj nazo, kiu similis al tomato.

Niko supozis, ke iu batis lin, rompis lian nazon kaj tial ĝi similas al tomato.

— Ni ne povas teni la bubaĉon ĉi tie — meditis la tomatonaza viro. — Morgaŭ ni nepre devas eknaĝi al Turkio. Oni serĉas nin ĉie kaj iu eble divenos, ke ni estas ĉi tie, sur la insulo.

— Ĉesu paroli! — ekkriis la viro kun la akra rigardo. Lia vizaĝo similis al lupa buŝego kaj nun iĝis pli minaca.

"정말 이 꼬마가 우리가 터키로 도망갈 것을 들었잖아."

"내가 말하든 안 하든 중요하지 않아." 토마토 코의 남자는 기분이 상했다.

"우리가 어서 빨리 이 섬을 떠나는 것이 더 중요해."

니코는 이 사람들이 여기에 배로, 정말 모터가 있는 배로 왔을 것이라고 짐작하면서 섬에 도착해 해안가에서 그들의 배를 보지 못한 것이 유감스러웠다. 그가 배를 보았다면 더 조심했을텐데.

왜냐하면 섬에 사람이 있음을 알았기에. 하지만 지금은 벌써 너무 늦었다.

"우리는 이 꼬마로부터 곧 자유로워야 해. 바다에 그를 빠뜨리거나 총으로 쏴 죽이자." 니코 뒤에 선 남자가 말했다. 그리고 니코를 세게 붙잡았다.

"서두르지 마." 늑대 부리 남자가 쉿소리를 냈다.

- Ja, la bubaĉo aŭdis, ke ni fuĝos al Turkio.

— Ĉu mi parolas aŭ ne - ne gravas - ofendiĝis la tomatonaza viro. - Pli gravas, ke ni pli rapide forlasu la insulon.

Niko supozis, ke la uloj venis ĉi tien per ia boato, plej verŝajne per motora boato kaj bedaŭris, ke ne vidis ilian boaton ĉe la bordo, kiam li alvenis. Se li vidintus ĝin, li estus pli singardema, ĉar scius, ke sur la insulo estas homoj, sed nun jam estis tre malfrue.

— Ni devas tuj liberiĝi de la bubaĉo. Aŭ ni ĵetu lin en la maron, aŭ ni pafmortigu lin - diris la viro, kiu staris malantaŭ Niko kaj daŭre forte tenis lin.

— Ni ne rapidu - eksiblis la lupa buŝego.

13장. 페탸와 게오르고의 추측

일코 할아버지는 포도나무아래 앉아 오늘 신문을 넘겨 본다.

"할아버지, 안녕하세요. 어떻게 지내시나요?" 게오르고가 물었다.

"잘 지내는구나. 항상 잘 지내. 너와 네 부모는 매일 일이 있어. 너는 공부하고 네 부모는 일 하지만 난 아무 걱정이 없구나.

매일 집에서 책을 읽거나 산책하지.

오늘은 어부들의 배가 있는 부두까지 산책을 했어. 내 배도 거기 있지만 내 친구 **반겔**의 배가 없어진 것을 보았어. 벌써 일주일이 넘게 반겔은 잘 지내지 못 하고 아파. 오래전부터 부두에 가지 못 하고 배가 거기 있는지도 몰라. 아마 누가 훔쳐간 것 같아. 지금껏 모든 배가 부두에 있고 누구도 배를 훔치지 않았는데 지금 반겔의 배가 거기 없어. 그에게 가서 배가 없어졌다고 말하고 싶지 않구나. 아주 많이 걱정할 거야. 노인이고 아픈 친구에게 걱정을 끼치고 싶지 않아." 게오르고는 오늘 할아버지 말씀을 듣고 무슨 일이 일어났는지 알았다.

13.

Avo Ilko sidis sub la vito kaj trafoliumis la tagan ĵurnalon.

-Saluton avo, kiel vi fartas? – demandis Georgo.

-Mi fartas bone. Ĉiam mi fartas bone. Vi, viaj gepatroj havas ĉiutage okupojn. Vi lernas, viaj gepatroj laboras kaj mi havas neniajn zorgojn. Tutan tagon mi estas hejme kaj mi aŭ legas, aŭ promenadas. Hodiaŭ mi promenadis al la kajo, kie estas la fiŝkaptistaj boatoj. Mia boato estas tie, sed mi vidis, ke la boato de mia amiko Vangel mankas. Jam de semajnoj Vangel ne fartas bone, li malsanas, delonge ne iris al la kajo kaj ne scias, ke la boato ne estas tie. Eble iu ŝtelis ĝin. Ĝis nun ĉiuj boatoj estis ĉe la kajo kaj neniam iu ŝtelis boaton, sed nun la boato de Vangel ne estas tie. Mi ne deziras iri al li kaj diri, ke lia boato malaperis. Li ege maltrankviliĝos. Mi ne deziras maltrankviligi la maljunan kaj malsanan amikon.

Georgo aŭskultis la avon kaj tuj komprenis kio okazis.

분명 니코가 반겔 할아버지 배를 가져가 섬에 갔다. 마르가리타 아주머니는 학교에 오셔서 어느 학생이 니코에 관해 무언가 아느냐고 물었지만 모두 잠잠했다. 게오르고도 마찬가지로 조용했지만, 지금에야 니코가 어디 갔는지 아주 분명했다.

게오르고는 니코가 왜 섬에서 돌아오지 않는지 이해하지 못할 뿐이라 그것이 불안했다. 니코에게 뭔가 나쁜 일이 생겼을까? 바다에 빠졌을까? 배가 고장났을까? 그래서 돌아올 수 없다.

페탸가 게오르고에게 전화해서 바로 만나자고 말했다. 게오르고는 숲속에 있는 풀밭으로 갔다. 그가 도착하자 페탸는 벌써 거기서 의자에 앉아 그를 기다렸다.

"안녕." 그가 말했다. "정말 빨리 왔구나."

"응." 그녀가 대답했다.

"무슨 일이야? 내가 바로 와야만 한다고 말했지." 게오르고가 물었다. 페탸가 불안해하는 것을 봤다. "그래, 급해." 그녀가 짧게 말했다. 페탸의 밝은 파란 눈동자에 그림자가 드리우고 페탸는 꾸짖듯이 그를 바라보았다. "나는 너를 믿었어. 네가 신중하고 책임감 있다고 생각했어." 페탸가 말을 시작했다.

Certe Niko prenis la boaton de avo Vangel kaj eknaĝis al la insulo. Onklino Margarita estis en la lernejo demandi ĉu iu lernanto ne scias ion pri Niko, sed ĉiuj silentis. Silentis same Georgo, sed nun por li estis tute klare kien iris Niko. Georgo nur ne komprenis kial Nikon ne revenis de la insulo kaj tio maltrnkviligis lin. Ĉu io malbona okazis al Niko? Ĉu li dronis en la maro, aŭ ĉu la boato difektiĝis kaj li ne povas reveni.

Petja telefonis la Georgo kaj diris, ke ili tuj renkontiĝu. Georgo ekiris al la herbejo en la arbaro. Kiam li alvenis, Petja jam estis tie, sidis sur la benko kaj atendis lin.

-Saluton - diris li. - Vi tre rapide venis.

-Jes - respondis ŝi.

-Kio okazis? Vi diris, ke mi tuj devas veni - demandis Georgo kaj vidis, ke Petja estas maltrankvila.

-Jes! Urĝas - diris ŝi lakone.

Ombro vualis la helbluajn okulojn de Petja kaj ŝi rigardis lin riproĉe.

-Mi kredis je vi. Mi opiniis, ke vi estas serioza kaj respondeca - komencis Petja.

이렇게 시작한 말이 게오르고의 기분을 상하게 했다. 그것이 매우 가르치듯 소리가 나서 그는 페탸에게 무슨 말을 하고 싶은지 궁금했다. 하지만 그는 조용히 기다렸다. 그녀는 계속 말을 했다. "네가 환상에 빠지지 않았다고 나는 생각했는데 내가 틀렸어." 게오르고는 페탸가 무엇을 말하려고 하는지 짐작하기 시작했다.

"너는 섬에 가서 정말 존재하지 않는 무언가를 찾으려고 결심했어. 그리고 이 모험에 네 친구 니코와 자하리를 끌어들였지."

"그러나 나는 갈 계획만 했는데." 게오르고가 변명하려고 했지만 페탸는 말을 끝맺도록 가만두지 않았다.

"지금 니코가 어디 있는지 너만 알아. 그가 섬에 간 데는 네 잘못이 있어. 너는 바로 경찰서에 가서 모든 것을 말해야만 해. 정말로 경찰은 그를 찾고 있어. 하지만 그가 섬 성 니콜라오에 있다고 짐작도 못해." 페탸가 고집스럽게 게오르고를 쳐다보며 말했다. 그는 침묵했다.

"니코는 장난스럽고 충동적이야. 그러나 착하고 믿을만한 친구지. 우리가 그를 도와야 해." 페탸가 말했다.

Tiu ĉi enkonduko ne plaĉis al Georgo. Ĝi eksonis tre mentore kaj li demandis sin kion Petja deziras diri. Li tamen silentis kaj atendis, ke ŝi daŭrigu.

— Mi opiniis, ke vi ne okupiĝas pri fantaziaĵoj, sed mi eraris.

Georgo komencis konjekti pri kio Petja parolos.

— Vi decidis iri al la insulo kaj serĉi ion, kio verŝajne neniam ekzistis? Kaj en tiu ĉi aventuro vi enmiksis viajn amikojn Niko kaj Zahari.

— Sed ni nur planis iri··· —provis senkulpigi sin Georgo, tamen Petja ne lasis lin fini la frazon.

— Nun nur vi scias kie estas Niko. Vi kulpas, ke li ekiris al la insulo kaj vi devas tuj iri al la policejo kaj rakonti ĉion. Ja, la polico serĉas lin kaj oni ne supozas, ke li estas sur la insulo "Sankta Nikolao" – diris Petja kolere, rigardante insiste Georgon.

Li silentis.

— Niko estas petolema, impulsema, sed bona kaj fidela amiko. Ni devas helpi lin – diris Petja.

"좋아, 내가 경찰서로 갈게."

"가서 모든 것을 말해." 참다운 남자, 용기있는 자가 되라고 그녀가 말했다.

날씨가 나빠지기 시작하고 바다바람을 가져오는 회색 구름이 나타났다. 어두워졌다. 바람이 점점 세진다.

"비가 올 거야." 게오르고가 말했다.

"우리는 빨리 시내로 가자."

"비가 오고 니코는 아마 섬에서 혼자 있을거야. 바다는 분노하며 파도는 커질 것이고 그는 배를 저어 바닷가로 돌아올 수도 없어."

"너는 집으로 가. 내가 경찰서로 갈게." 그는 말하고 두 사람은 도시로 서둘렀다.

게오르고는 가면서 페탸를 생각했다.

그녀도 니코가 어디 있는지 생각했다.

페탸는 정말 현명한 여자아이다. 그녀는 논리적으로 생각하는데 그 점이 게오르고 마음에 들었다.

게오르고는 자신이 환상을 가진 사람이라고 안다. 이미 어릴 때부터 환상을 꿈 꾸고 이상하고 무시무시한 영웅이 나오는 비현실적인 여러가지 동화를 생각해냈다. 게오르고는 니코가 걱정이 됐다. 왜 그는 혼자서 섬에 갔을까?

— Bone. Mi iros en la policejon.

— Iru kaj rakontu ĉion. Estu vera viro kaj kuraĝulo ⁻ diris ŝi.

La vetero komencis malboniĝis, aperis grizaj nuboj, kiujn la mara vento alportis. Malheliĝis. La vento iĝis pli forta.

— Pluvos ⁻ diris Georgo. ⁻ Ni devas rapidi al la urbo.

— Pluvos kaj Niko eble estas sola sur la insulo. La maro ekfuriozos, la ondoj estos grandaj kaj li ne povos remi kaj reveni al la bordo ⁻ rimarkis Petja.

— Vi iru hejmen kaj mi iros al la policejo ⁻ diris li kaj ambaŭ ekrapidis al la urbo.

Georgo iris kaj meditis pri Petja. Ŝi same divenis kie estas Niko. Petja vere estis saĝa knabino. Ŝi logike rezones kaj tio plaĉis al Georgo. Pri si mem Georgo sciis, ke estas fantaziulo. Jam de infano li imagis fantaziaĵojn, elpensis diversajn nerealajn fabelojn kun strangaj kaj timigaj herooj.

Georgo maltrankviliĝis pri Niko. Kial li sola ekiris al la insulo?

아마 신비로운 섬을 살피고 싶은 소원이 너무 커서 셋이서 가도록 기다릴 인내가 없었는가?

정말 니코는 용감한 남자아이다.

그가 계획한 모든 것을 바로 실행할 준비가 되어 있다.

그렇지만 닥칠 위험을 고려하지 않는다.

분명 무언가 나쁜 일이 그에게 생겼다.

그가 넘어졌거나 발이나 팔을 다쳤거나 해서 지금 돌아올 수 없다.

사람은 혼자서 위험한 행동을 하지 않아야만 한다. 모든 사람은 친구가 필요하다.

친구는 어려운 순간에 도와줄 준비가 된 사람이다. 어느새 게오르고는 경찰서에 왔다.

문 옆에 있는 근무 경찰관에게 매우 중요한 정보를 말하고 싶다고 해서 경찰관은 들어오도록 허락했다.

경찰서 간부에게 그를 데려다 주어 게오르고는 니코가 성 니콜라오 섬에 있다는 추측을 표현했다.

Eble lia deziro trarigardi la misteran insulon estis granda kaj li ne havis paciencon, ke ili triope iru? Jes, Nikko estas kuraĝa knabo kaj pretas tuj realigi ĉion, kion li planis, sed li ne konsideris la riskojn. Certe io malbona okazis al li. Povas esti, ke li falis, rompis piedon aŭ brakon kaj nun ne povas reveni. La homo ne devas sola entrepreni riskajn agojn. Ĉiu bezonas amikojn. La amikoj estas tiuj, kiuj pretas helpi en malfacilaj momentoj.

Nesenteble Georgo venis en la policejon. Al la deĵoranta ĉe la pordo policano li diris, ke deziras fari tre gravan informon kaj la policano permesis al li eniri. Oni enkondukis lin al la ĉefo de la polico kaj Georgo esprimis la supozon, ke Niko estas sur insulo "Sankta Nikolao".

14장. 경찰서장의 표창장

학교 1교시가 시작되었다.

교실에는 침묵이 흐른다. **벨레바** 선생님은 문학과목의 새 단원을 가르쳤다.

그녀는 시인 **페요 야보로브**의 전기와 작품을 자세히 소개했다.

갑자기 문이 열리고 교실 안으로 **달레브** 교장과 **키로브** 경찰서장이 함께 들어왔다.

게오르고는 곧 그를 알아보았다. 교장이 말했다. "미안하지만 학교에 중요한 안내를 하고 싶어서 키로브 경찰서장님이 오셨어요." 키가 크고 40살에 금속처럼 빛나는 눈, 여기저기 벌써 하얗게 되는 머리카락을 가진 키로브 서장은 학생들 앞에 서서 말을 시작했다. "사랑하는 학생 여러분. 나는 여러분 같은 친구에게 고마움을 전하려고 여기 왔습니다. 게오르고 믈라데노브가 여러분 친구 니코를 찾는데 도와주었어요. 하지만 더 중요한 것은 우리가 찾지 못 했지만 그를 구한 것입니다. 여러분은 벌써 그가 혼자서 성 니콜라오 섬에 간 것을 알지만 거기서 그는 매우 심하게 생명의 위협을 받았어요.

14.

La unua lernohoro komenciĝis. En la klasĉambro regis silento. Sinjorino Veleva instruis novan lecionon pri literaturo. Ŝi detale prezentis la biografion kaj la verkojn de la poeto Pejo Javorov.

Subite la pordo malfermiĝis kaj en la klasĉambron eniris la direktoro de la lernejo, sinjoro Dalev kun la estro de la polico Kirov. Georgo tuj rekonis lin. La direktoro diris:

— Mi petas pardonon, sed en la lernejo venis kapitano Kirov, la estro de la polico, kiu deziras fari gravan anoncon.

Kirov, alta, kvardekjara viro kun okuloj, kiuj havis metalan brilon kaj haroj, kiuj ie-tie jam komencis blankiĝi, ekstaris antaŭ la gelernantoj kaj ekparolis:

— Karaj gelernantoj. Mi venis ĉi tien por danki al via samklasano. Georgo Mladenov helpis nin trovi vian amikon Niko Kolev. Tamen pli grave estis, ke ni ne trovis, sed same savis lin. Vi jam scias, ke li sola iris al la insulo "Sankta Nikolao", sed tie lia vivo estis serioze minacita.

그때 섬에 매우 위험한 강도들이 숨어 있었어요. 그들은 은행을 강탈해서 훔친 돈을 가지고 유럽에서 도망쳤어요. 경찰이 그들을 수색했지만, 그들은 성 니콜라오 섬에 숨는데 성공했지요. 그들 계획은 마찬가지로 훔친 모터달린 배를 타고 터키로 가는 것이었어요. 마침 그때 불행스럽게 니코 콜레브가 섬에 갔지요. 강도들은 그를 붙잡고 신고하지 못하도록 그를 죽이려고 했어요. 상황이 아주 위험했죠. 하지만 게오르고 믈라데노브가 경찰서에 와서 니코가 섬에 있다고 말했어요. 우리는 바로 경찰 배를 타고 거기 갔지요. 하지만 강도들이 거기 있다고 전혀 알지 못했죠. 그들이 우리를 보자 총을 쏘려고 했어요. 다행스럽게 그들을 잡고 무장해제시키는데 성공했어요. 그렇게 해서 우리는 니코를 구하고 위험한 강도를 잡았어요.

이제 마리노 시 경찰의 이름으로 게오르고 믈라데노브에게 감사해서 이 시민의식 표창장을 주고 싶어요.

게오르고 학생은 이리 나오세요." 키로브 서장이 말하고 표창장을 수여했다.

게오르고는 경찰서장에게 감사했다.

학생들이 손뼉을 쳤다.

Tiam sur la insulo kaŝis sin tre danĝeraj rabistoj. Ili forrabis bankon kaj kun la forrabita monsumo en eŭroj ili fuĝis. La polico serĉis ilin, sed ili sukcesis kaŝi sin sur la insulo "Sankta Nikolao" kaj ilia plano estis per motora boato, kiun ili same ŝtelis, ekveturi al Turkio. Ĝuste tiam malfeliĉe Niko Kolev iris al la insulo. La rabistoj kaptis lin kaj deziris mortigi lin, por ke li ne denuncu ilin. La situacio estis tre danĝera. Tamen Georgo Mladenov venis en la policejon kaj diris al ni, ke Niko estas sur la insulo. Ni tuj eknaĝis tien per la polica katro, tamen ni ne sciis, ke la rabistoj estas tie. Kiam ili vidis nin, ili provis pafi kontraŭ ni. Feliĉe ni sukcesis kapti kaj senarmigi ilin. Tiel ni savis Nikon kaj ni arestis la danĝerajn rabistojn. Je la nomo de la polico en urbo Marino mi deziras danki al Georgo Mladenov kaj doni al li tiun ĉi diplomon pri la civitana konscienco. Georgo venu ĉi tien — diris kapitano Kirov kaj donis al li la diplomon.

Georgo dankis al policestro. La geklasanoj aplaŭdis.

"나 역시 우리 학생 게오르고 믈라데노브가 경찰이 강도를 잡는데 도움을 주어 기쁘고 자랑스러워요." 교장이 덧붙였다.

"저는 중요한 일을 한 것은 없어요." 게오르고가 말했다. "다만 니코가 섬에 갔다고 짐작했을 뿐입니다." 게오르고는 학생들을 바라보다가 페탸가 사랑스럽게 그에게 웃음 짓는 것을 알아차렸다.

— Mi same estas ĝoja kaj fiera, ke nia lernanto Georgo Mladenov helpis la policon aresti la rabistojn — aldonis la direktoro.

— Nenion gravan mi faris — diris Georgo. — Mi nur supozis, ke Niko iris al la insulo.

Georgo alrigardis la gelernantojn kaj rimarkis, ke Petja kare ridetas al li.

15장 사랑의 입맞춤

게오르고는 학교에서 돌아왔다. 오늘은 특별하다. 마치 아직도 경찰이 어떻게 니코를 구했는지 이야기하는 경찰서장을 보는 듯했다.

게오르고는 니코가 살아서 건강하게 섬에서 돌아와 기뻤다.

정말 그것은 니코에게나 게오르고에게나 아주 불쾌한 경험이었다.

하지만 다행스럽게 모든 일이 벌써 잘 마무리됐다. 게오르고는 자기 방에 들어가 책상에 앉아 페렝크가 자기에게 선물로 준 책 『삼봉산』을 펼쳐서 읽기 시작했다.

그는 에스페란토 책 읽기를 아주 좋아한다.

그들의 노력으로 단어의 보물이 풍부해지기 때문에. 갑자기 휴대전화기가 울렸다. 페탸였다.

그녀가 물었다. "오후에 무엇을 할 거니?"

"계획이 없는데. 지금 재미있는 책을 읽고 있어." 그가 대답했다.

"나랑 만나고 싶니?" "그래"

"좋아. 5시에 우리 장소에서 만나자." 페탸가 말했다.

15.

Georgo revenis de la lernejo. Hodiaŭa tago estis neordinara kaj li kvazaŭ ankoraŭ vidis la policestron Kirov, kiu rakontis kiel la polico savis Nikon. Georgo ĝojis, ke Niko revenis viva kaj sana de la insulo. Ja, tio estis ege malagrabla travivaĵo kaj por Niko, kaj por Georgo, sed feliĉe ĉio jam finiĝis.

Georgo eniris sian ĉambron, sidis ĉe la skribotablo, trafoliumis la libron, kiun donacis al li Ferenc "La triĝiba monto" kaj komencis legi ĝin. Li tre ŝatis legi Esperantajn librojn, ĉar pere de ili riĉigis sian vorttrezoron. Subite lia poŝtelefono eksonoris. Esti Petja kaj ŝi demandis:

— Kion vi faros posttagmeze?

— Mi ne havas planon. Nun mi legas interesan libron – respondis li.

— Ĉu vi deziras, ke ni renkontiĝu?

— Jes.

— Bone. Je la kvina horo ni renkontiĝos ĉe nia loko – diris Petja.

게오르고는 책을 덮고 일어나서 시계를 보았다.
4시다. 1시간 뒤 숲속 풀밭에 있어야 한다.
외출 준비를 했다.
아직 이르지만 인내심이 없다.
마당 문 앞에서 가게에서 가방 가득 물건을 사오
신 일코 할아버지와 거의 부딪힐 뻔했다.
"어디로 그리 서두르니?" 할아버지가 물었다.
"조금 산책하러 갑니다." 게오르고가 대답했다.
"내일 수업을 준비했니?"
"예, 준비했어요. 내일 시험 한다면 완벽한 점수
를 받을 거예요." 그가 농담삼아 말했다.
"그렇게 자신하지 마라. 정말 속담을 알고 있잖
니. 물고기는 아직 바다에 있는데 사람들은 벌써
프라이팬을 준비한다."
"준비했어요." 게오르고는 살짝 웃고 거리로 나갔
다. 그는 서둘러 바닷가로 가고 싶었다.
하루라도 바다를 보지 않으면 무언가 중요한 것을
잊어버린 듯했다.
그는 시내 중심가를 지나쳐 벌써 바닷가에 도착했
다. 거기 모래사장 한쪽에 바위가 있고 게오르고
는 그리 가까이 갔다.

Georgo fermis la libron kaj ekstaris, alrigardis la horloĝon. Estis kvara horo. Post horo li devis esti ĉe la herbejo en la arbaro. Li preparis sin por eliri. Estis ankoraŭ frue, sed li ne havis paciencon. Antaŭ la korta pordo li preskaŭ ne kunpuŝiĝis kun avo Ilko, kiu kun plena sako venis de la vendejo.

— Kien vi rapidas? — demandis la avo.

— Mi iras iom promeni — respondis Georgo.

— Ĉu vi preparis la lecionojn por morgaŭ?

— Jes. Mi estas preta kaj morgaŭ se oni ekzamenos min, mi ricevos perfektajn notojn — diris li ŝerce.

— Ne estu tiel certa. Ja, vi scias la proverbon: la fiŝo estas en la maro, sed oni jam pretigas la paton.

— Mi pretigis min — ekridetis Georgo kaj ekkuris al la strato.

Li deziris rapide iri al la mara bordo. Se nur unu tagon li ne vidis la maron, ŝajnis al li, ke ion gravan li perdis.

Li trapasis la urbocentron kaj jam estis sur la bordo. Tie, flanke de la plaĝo, staris rokoj kaj Georgo proksimiĝis al ili.

여러 번 날씨가 좋을 때 바위 위에 앉아서 바다를 응시하곤 했다.

아래에서 파도는 세게 바위를 때렸다.

바다의 짠 물방울이 그 위로 날아갔다.

그는 바다의 우는 소리를 듣고 성 니콜라오 섬을 바라보았다.

그것은 벌써 예전처럼 그렇게 수수께끼 같이 보이지 않았다.

'정말' 게오르고는 깊이 생각했다.

'섬은 바다에 있는 조금 더 큰 바위에 불과해. 신비하지도 수수께끼도 아니고 거기 보물도 없어. 모든 것이 신비로운 것은 우리의 상상과 환상 탓이야. 우리는 어딘가에 보물이 있고 그것을 찾기 시작한다고 상상해. 밤낮으로 그것을 꿈 꿔. 우리의 상상이 그것을 기적처럼 그려. 꿈에서 보물을 보고 그것이 예쁘고 귀하다고 믿어. 우리는 그것을 찾으려고 소망하지만 출발해서 찾을 인내심이 없어. 우리는 그것에 관해 생각하며 살아. 마침내 그것은 상상이고 보물은 없고 꿈에서 깨어남을 알게 되지. 우리는 괴롭지만, 사람들은 상상, 환상, 환각 없이 살 순 없어.

Foje-foje, kiam la vetero estis bona, li kutimis sidi sur la rokoj kaj kontempladi la maron. Sube la ondoj plaŭdis, forte batis la rokojn kaj la salaj maraj gutoj flugis super ili. Li aŭskultis la maran muĝon kaj rigardis al la insulo "Sankta Nikolao". Ĝi jam ne aspektis tiel enigma kiel antaŭe.

"Ja, meditis Georgo, la insulo estas nur iom pli granda roko en la maro, nek mistera, nek enigma kaj sur ĝi certe ne estas trezoro. Ĉio iĝas mistera nur dank' al niaj imagoj kaj fantazio. Ni estas tiuj, kiuj imagas, ke ie troviĝas trezoro kaj ni komencas serĉi ĝin. Tage kaj nokte ni revas pri ĝi. Nia imago pentras ĝin mirakla. En la sonĝoj ni vidas la trezoron kaj kredas, ke ĝi estas bela kaj valora. Ni sopiras trovi ĝin, ni ne havas paciencon ekiri kaj serĉi ĝin. Ni vivas kun la penso pri ĝi. Fin-fine ni komprenas, ke tio estis nur imago, ke ne ekzistas trezoro kaj ni senreviĝas.

Ni ĉagreniĝas, sed ĉu la homoj povus vivi sen imagoj, sen fantazioj, sen iluzioj.

우리의 삶이 매력적이기 위해 우리는 상상, 환상, 환각을 가져야 해.

우리는 꾸준히 무언가를 찾고, 무엇을 위해 애쓰고, 무엇을 믿고, 무언가 예쁘고 우리 삶을 더 재미있고 매력적으로 만드는 특별한 것을 발견하기를 원해.

정말 꾸준히 무언가를 찾고 계속 수평선이나 어느 도달할 수 없는 꿈까지 가는 그것이 삶이다.

하지만 보물이 우리 속에 있음을 항상 이해하는 것은 아니다. 우리는 그것들을 우리 속에서 찾아야만 한다. 우리 안에 가장 크고 가장 가치 있는 보물이 있다. 그러나 이전에 그것을 알지 못했다. 마찬가지로 니코도 그것을 알지 못하고 그 도달할 수 없는 꿈을 찾으러 섬에 갔다. 경찰이 그가 섬에 있다는 정보를 받지 못했다면, 정확한 시간에 거기 가지 못했다면 그에게 무슨 일이 일어났을까? 범인들은 그에게 아주 잔인할 수 있다. 뭔가 나쁜 일이 니코에게 발생했다면 나는 평생 그에게 용서를 빌 수 없을 것이다. 성 니콜라오 섬의 보물을 찾자는 생각이 나의 것이었으니까. 니코는 위험을 감수했다. 위험을 감수하는 것은 귀중하다. 그는 수평선을 바라보았다.

Por ke nia vivo estu alloga, ni devas havi imagojn, fantaziojn, iluziojn. Ni devas konstante serĉi ion, strebi al io, kredi je io, deziri trovi ion belan, ion neordinaran, kiu fari nian vivon pli interesa kaj pli alloga. Jes, tio estas la vivo, konstante serĉi ion, konstante iri al la horizonto, al iu neatingebla revo.

Tamen ne ĉiam ni komprenas, ke la trezoroj estas en ni mem. Ni devas serĉi ilin en ni mem. En ni estas la plej grandaj kaj la plej valoraj trezoroj. Mi tamen ne komprenis tion antaŭe. Same Niko ne komprenis ĝin kaj iris al la insulo serĉi sian neatingeblan revon. Kio okazus al li, se la polico ne estus informita, ke li troviĝas sur la insulo kaj se la polico ne irus ĝustatempe tien. La krimuloj povus esti tre kruelaj al li.

Se io malbona estus okazinta al Niko, mi tutan vivon ne pardonpetos al mi, ĉar mia estis la ideo serĉi la trezoron sur la insulo "Sankta Nikolao". Niko riskis. Iuj riskoj tamen estas noblaj. "

Li rigardis al la horizonto.

바다는 끝없이 파랗고, 저기 멀리서 부르가스 항으로 가까이 다가오는 배가 보였다. 게오르고는 바위에서 일어나 숲으로 출발했다. 그는 조금 늦었고 페탸는 벌써 기다리고 있다. 그녀는 의자에 앉아 오솔길을 보고 있다.

지금 그녀는 노란 웃옷을 입어 아주 예쁜 해바라기 같다. 그녀의 긴 머리카락은 가냘픈 어깨 위로 아무렇게나 늘어져 있다. 눈에는 부드러운 빛이 보이고 그녀의 시선은 꿈꾸는 듯했다. 전에는 결코 페탸가 그렇게 예쁘게 보인 적이 없었다. 게오르고는 오랫동안 숨어서 그녀를 살펴보고 싶었다. 천천히 가까이 갔다. 페탸가 그를 보고 기쁘게 웃었다. "너는 벌써 여기 왔지?" 그녀가 말했다. "응." 그가 대답했다. "벌써 왔어."

"우리는 다시 우리가 좋아하는 장소에 있구나." 페탸가 알아차렸다.

"오늘은 너에게 아주 중요한 날이야. 경찰에 대한 너의 큰 도움 때문에 표창장을 주어 칭찬했잖아."

"나는 단지 니코가 거기 있을 것이라고 말한 것뿐이야. 정말 그는 우리 친구야. 하지만 네가 나에게 경찰서에 가라고 부추긴 것을 잊지 마." 게오르고가 말했다. "너 역시 표창 받을만 해.

La maro bluis senfina kaj tie fore videblis ŝipo, kiu proksimiĝis al la haveno de Burgas.

Georgo ekstaris de la roko kaj ekiris al la arbaro. Iom li malfruis, Petja jam atendis lin. Ŝi sidis sur la benko kaj rigardis al la pado. Nun ŝi surhavis flavan robon kaj similis al belega sunfloro. Ŝiaj longaj haroj libere falis sur la tenerajn ŝultrojn. En ŝiaj okuloj videblis mola lumo kaj ŝia rigardo estis revema. Neniam antaŭe Petja aspektis tiel bela kaj Georgo eksentis deziron longe kaŝe observi ŝin.

Malrapide li proksimiĝis. Kiam Petja vidis lin, ĝoje ekridetis.

— Vi jam estas ĉi tie — diris ŝi.

— Jes — respondis li. — Mi venis.

— Ni denove estas kune sur nia ŝatata loko — rimarkis Petja. — Hodiaŭ por vi estis tre grava tago. Oni honoris vin per diplomo pro via granda helpo al la polico.

— Mi nur diris, kie povus esti Niko. Ja, li estas nia amiko. Tamen ne forgesu, ke vi instigis min iri al la polico — diris Georgo. — Tial vi same meritas diplomon.

나는 스스로 책망하기까지 했어. 니코가 섬에 간 이유가 내게 있으니까." "아니야, 너는 섬에 가라고 그에게 말하지 않았어. 너는 다만 그에게 자하리에게 거기에 안겔 파견대장의 숨겨진 보물이 있을 거라는 이야기만 했지. 너는 그들의 환상을 깨웠지. 그들이 무언가 예쁜 것을 꿈꾸고 찾도록 했지. 너는 환상가야. 그 점이 마음에 들어. 그래서 내가 너를 좋아해." 그리고 페탸는 게오르고에게 가까이 와서 입맞춤했다. "너는 나의 가장 좋은 친구야." 게오르고는 움직이지 않고 그대로 서 있었다. 지금까지 결코 여자아이가 그에게 입맞춤한 적이 없다. 이토록 긴 입맞춤은 그를 취하게 만들었다. 안에서 분수처럼 행복이 솟구쳤다. 그는 벌떡 일어나 모든 세계에 소리치고 싶었다. '가장 예쁜 여자아이 페탸가 나를 좋아해요.' 그도 또한 그녀에게 입맞춤하고 말했다. "나도 너를 좋아해." "우리는 영원히 함께 있을 거야." 페탸가 말했다. '예쁜 환상을 가진 남자아이를 좋아하는 것은 놀랄만해.' 페탸는 생각했다. 그녀는 게오르고 가족을 좋아하지 않는 아버지의 단어를 기억했다. 그에 따르면 그들을 환상가다. 그러나 환상가 없는 세상은 어떤 것일까?

Mi eĉ sentas memriproĉon, ĉar mi estis la kialo, ke Niko ekiris al la insulo.

— Ne. Vi ne diris al li iri al la insulo. Vi nur rakontis al li kaj al Zahari, ke tie eble estas la kaŝita trezoro de voevodo Angel. Vi vekis ilian fantazion. Vi igis ilin revi, serĉi ĝin belan. Vi estas fantaziulo kaj tio plaĉas al mi. Tial mi amas vin — kaj Petja proksimiĝis al Georgo kaj kisis lin. — Vi estas mia plej kara amiko.

Georgo restis senmova. Neniam ĝis nun knabino kisis lin kaj tiu ĉi longa kiso ebriigis lin. En li kiel fontano ekŝprucis la feliĉo. Li deziris tuj eksalti kaj ekkriegi al la tuta mondo: "Petja, la plej bela knabino, amas min."

Li same kisis ŝin kaj diris:

— Mi amas vin.

— Ni estos kune por ĉiam — diris Petja.

"Ami knabon, kiu havas belajn fantaziaĵojn estas mirinde, opiniis Petja kaj ŝi rememoris la vortojn de sia patro, kiu ne ŝatas la familianojn de Georgo, ĉar laŭ li, ili estas fantaziuloj, sed kia estos la mondo sen la fantaziuloj.

"우리는 영원히 함께 있을 거야." 게오르고가 말했다. 그는 페탸의 손을 잡고 두 사람은 바다로 숲을 지나서 뛰어갔다.

2017년 9월 11일, 소피아.

— Ni estos kune por ĉiam! — diris Georgo.

Li prenis la manon de Petja kaj ambaŭ ekkuris tra la arbaro al la maro.

Sofio, la 11-an de septembro 2017

저자에 대하여

율리안 모데스트는 불가리아의 소피아에서 태어났다. 1973년 소피아의 '성 클리멘트 오리드스키'대학에서 에스페란토를 배우기 시작하였고 1977년 불가리아 언어학과를 졸업하였다. 대학에서 잡지 '불가리아 에스페란토사용자'에 에스페란토 기사와 시를 게재했다.
1977년부터 1985년까지 부다페스트에서 살면서 헝가리 에스페란토사용자와 결혼했다.
첫 번째 에스페란토 단편 소설을 그곳에서 출간했다. 부다페스트에서 단편 소설, 리뷰 및 기사를 통해 다양한 에스페란토 잡지에 적극적으로 기고했다.
그곳에서 그는 헝가리 젊은 작가 협회의 회원이었다.
1986년부터 1992년까지 소피아의 '성 클리멘트 오리드스키'대학에서 에스페란토 강사로 재직하면서 언어, 원작 에스페란토 문학 및 에스페란토 운동의 역사를 가르쳤고. 1985년부터 1988년까지 불가리아 에스페란토 협회 출판사의 편집장을 역임했다.
1992년부터 1993년까지 불가리아 에스페란토 협회 회장을 지냈다.

Pri la aŭtoro

Julian Modest naskiĝis en Sofio. Bulgario. En
1977 li finis bulgaran filologion en Sofia
Universitato "Sankta Kliment Ohridski", kie en
1973 li komencis lerni Esperanton. Jam en la
universitato li aperigis Esperantajn artikolojn
kaj poemojn en revuo "Bulgara Esperantisto".
De 1977 ĝis 1985 li loĝis en Budapeŝto, kie li
edziĝis al hungara esperantistino. Tie aperis
liaj unuaj Esperantaj noveloj. En Budapeŝto
Julian Modest aktive kontribuis al diversaj
Esperanto-revuoj per noveloj, recenzoj kaj
artikoloj. Tie li estis membro de la Asocio de
Junaj Hungaraj Verkistoj.
De 1986 ĝis 1992 Julian Modest estis lektoro pri
Esperanto en Sofia Universitato "Sankta
Kliment Ohridski", kie li instruis la lingvon,
originalan Esperanto-literaturon kaj historion
de Esperanto-movado. De 1985 ĝis 1988 li estis
ĉefredaktoro de la eldonejo de Bulgara
Esperantista Asocio. En 1992-1993 li estis
prezidanto de Bulgara Esperanto-Asocio.

율리안 모데스트는 자주 독창적인 에스페란토 문학에 대해 강의한다. 에스페란토 책을 쓰고 에스페란토 작가에 대한 여러 리뷰와 연구의 저자다.

율리안 모데스트의 에스페란토와 불가리아어 단편 몇 편이 알바니아어, 영어, 헝가리어, 일본어, 한국어, 크로아티아어, 마케도니아어, 러시아어, 우크라이나어 등 다양한 언어로 번역되었다. 그는 현재 가장 유명한 불가리아 작가 중 한 명이다. 그의 단편은 다양한 불가리아어 잡지와 신문에 실린다. 그의 불가리아어 및 에스페란토 단편 소설 중 일부가 온라인에 있다. 그의 이야기, 에세이 및 기사는 다양한 잡지 "Hungara Vivo", "Budapest Newsletter", "Literatura Foiro", "Fonto", "Monato", "Beletra Almanako", "La Ondo de Esperanto", "Zagreba Esperantisto" 등에 실렸다. 그는 현재 "불가리아 에스페란티스토" 잡지의 편집장을 맡고 있다. 그는 불가리아 신문과 다양한 라디오 및 TV 방송국에서 종종 인터뷰를 하며 에스페란토 원본 및 번역된 문학에 대해 이야기한다. 그는 여러 에스페란토와 불가리아어 책을 편집했다.

Julian Modest ofte prelegas pri la originala Esperanto-literaturo. Li estas aŭtoro de pluraj recenzoj kaj studoj pri Esperanto-libroj kaj Esperanto-verkistoj.

Pluraj noveloj de Julian Modest el Esperanto kaj el bulgara lingvo oni tradukis en diversajn lingvojn, albanan, anglan, hungaran, japanan, korean, kroatan, makedonan, rusan, ukrainan k. a. Nuntempe li estas unu el la plej famaj bulgarlingvaj verkistoj. Liaj noveloj aperas en diversaj bulgarlingvaj revuoj kaj ĵurnaloj. Pluraj liaj noveloj bulgaraj kaj Esperantaj estas en interreto.

Liaj rakontoj, eseoj kaj artikoloj aperis en diversaj revuoj "Hungara Vivo", "Budapeŝta Informilo', "Literatura Foiro", Fonto", "Monato", "Beletra Almanako", "La Ondo de Esperanto", "Zagreba Esperantisto" kaj aliaj

Nun Julian Modest estas ĉefredaktoro de revuo "Bulgara Esperantisto". Oni ofte intervjuas lin en bulgaraj ĵurnaloj kaj en diversaj radio kaj televiziaj stacioj, en kiuj li parolas pri originala kaj tradukita Esperanta literaturo. Li redaktis plurajn Esperantajn kaj bulgarlingvajn librojn.

율리안 모데스트의 작품들

1. 우리는 살 것이다!   2. 황금의 포세이돈
3. 5월 비
4. 브라운 박사는 우리 안에 산다
5. 신비한 빛   6. 문학 수필
7. 우리는 살 것이다!
8. 꿈에서 방황   9. 세기의 발명
10. 문학 고백   11. 닫힌 조개
12. 아름다운 꿈   13. 바다별
14. 과거로부터 온 남자   15. 상어와 함께 춤을
16. 수수께끼의 보물   17. 살인 경고
18. 공원에서의 살인   19. 고요한 아침
20. 사랑과 증오   21. 꿈의 사냥꾼
22. 내 목소리를 잊지 마세요
23. 인생의 오솔길을 지나
24. 욤보르와 미키의 모험
25. 철(鐵) 새
기타 - 바다별에서 꿈의 사냥꾼을 만나다(한글, 한국)

Julian Modest estas aŭtoro de jenaj Esperantaj verkoj:

1. "Ni vivos!" - dokumenta dramo pri Lidia Zamenhof. Eld.: Hungara Esperanto-Asocio, Budapeŝto,1983.
2. "La Ora Pozidono" - romano. Eld.: Hungara Esperanto-Asocio, Budapeŝto, 1984.
3. "Maja pluvo" - romano. Eld.: "Fonto", Chapeco, Brazilo, 1984.
4. "D-ro Braun vivas en ni". Enhavas la dramon "D-ro Braun vivas en ni" kaj la komedion "La kripto". Eld.: Hungara Esperanto-Asocio, Budapeŝto, 1987.
5. "Mistera lumo" - novelaro. Eld.: Hungara Esperanto-Asocio, Budapeŝto, 1987.
6. "Beletraj eseoj" - esearo. Eld.: Bulgara Esperantista Asocio, Sofio, 1987.
7. "Ni vivos! - dokumenta dramo pri Lidia Zamenhof - grandformata gramofondisko. Eld.: "Balkanton", Sofio, 1987
8. "Sonĝe vagi" - novelaro. Eld.: Bulgara Esperanto- Asocio, Sofio, 1992.
9. "Invento de l' jarcento" - enhavas la

- 253 -

komediojn "Invento de l' jarecnto" kaj "Eŭropa firmao" kaj la dramojn "Pluvvespero", "Enŝteliĝi en la koron" kaj "Stela melodio". Eld.: Bulgara Esperanto-Asocio, Sofio, 1993.

10. "Literaturaj konfesoj" – esearo pri originala kaj tradukita Esperanto-literaturo. Eld.: Esperanto-societo "Radio", Pazarĝik, 2000.

11. "La fermata konko" – novelaro. Eld.: Al-fab-et-o, Skovde, Svedio, 2001.

12. "Bela sonĝo" – novelaro, dulingva Esperanta kaj korea. Eld.: "Deoksu" Seulo, Suda Koreujo, 2007.

13. "Mara Stelo" – novelaro. Eld.: "Impeto" – Moskvo, 2013

14. "La viro el la pasinteco" – novelaro, esperantlingva. Eldonejo DEC, Kroatio, 2016, dua eldono 2018.

15. "Dancanta kun ŝarkoj" - originala novelaro, eld.: Dokumenta Esperanto-Centro, Kroatio, redaktoro: Josip Pleadin, 2018

16. "La Enigma trezoro" - originala romano por adoleskuloj, eld.: Dokumenta Esperanto-Centro, Kroatio, redaktoro: Josip Pleadin, 2018

17. "Averto pri murdo" - originala krimromano,

eld.: Eldonejo "Espero", Peter Balaz, Slovakio, 2018

18."Murdo en la parko" - originala krimromano, eld.: Eldonjeo "Libero", Lode van de Velde, Belgio, 2018

19."Serenaj matenoj" - originala krimromano, eld.: Eldonjeo "Libero", Lode van de Velde, Belgio, 2018

20."Amo kaj malamo" - originala krimromano, eld.: Eldonjeo "Libero", Lode van de Velde, Belgio, 2019

21."Ĉasisto de sonĝoj" - originala novelaro, eld.: Eldonjeo "Libero", Lode van de Velde, Belgio, 2019

22."Ne forgesu mian voĉon" - du noveloj, eld.: Eldonjeo "Libero", Lode van de Velde, Belgio, 2020

23. "Tra la padoj de la vivo" - originala romano, eld.: Eldonjeo "Libero", Lode van de Velde, Belgio, 2020

24."La aventuroj de Jombor kaj Miki" - infanlibro, originale verkita en Esperanto, eld.: Dokumenta Esperanto-Centro, Kroatio, redaktoro: Josip Pleadin, 2020

번역자의 말

『수수께끼의 보물』은 청소년 모험 소설입니다.
이 책을 구매하신 모든 분께 감사드립니다.

이 소설은 성 니콜라오 섬에 숨겨졌다는 전설의 보물
을 찾는 네 명의 청소년이 주인공입니다.
그 외 에스페란토 사용자인 일코 할아버지와 헝가리
친구 페렝크가 나와 흥겨운 에스페란토 세계를 엿보게
합니다.
고등학교에 다니는 남녀 주인공들의 사랑과 우정이야
기가 나오고 수수께끼의 보물을 둘러싼 모험이야기가
호기심을 불러일으키며 책을 눈에서 뗄 수 없게 만듭
니다.
율리안 모데스트 작가의 아름다운 문체와 읽기 쉬운
단어, 그리고 청춘과 모험 이야기로 인해 에스페란토
학습자에게는 재미있고 무언가 느끼며 읽을 수 있는
유익한 책이라고 생각합니다.
책을 읽고 번역하면서 다시 읽게 되고, 수정하면서 다
시 읽고, 책을 출판하기 위해 다시 읽고, 여러 번 읽
게 되어 저는 아주 행복합니다.
바쁜 하루에 좋아하는 책을 읽으며 힘든 세상에서 우
리를 지탱해 줄 힘을 모두 얻으시기 바랍니다.
오태영(mateno, 진달래출판사 대표)